놓치고 싶지 않은
나의 꿈 나의 인생

3

놓치고 싶지 않은
나의 꿈 나의 인생 3

꿈, 자기 가치

HOW TO RAISE YOUR
OWN SALARY

나폴레온 힐 지음 | 이지현 옮김

국일미디어

나폴레온 힐과 앤드류 카네기가 전하는
성공으로 가는 길

《놓치고 싶지 않은 나의 꿈 나의 인생 3》은 나폴레온 힐의 '성공의 열일곱 가지 원칙'을 철강왕 앤드류 카네기가 옆에서 설명해 주는 것처럼 생생한 느낌이 들도록 문답식 대화 형식으로 서술한 책이다. 실생활에 적용할 수 있는 성공의 원칙들을 통해, 평범한 사람들도 삶에서 더 많은 것을 성취하고 부와 명예를 얻을 수 있는 방향을 제시한다.

힐의 솔직하고도 예리한 질문과 주장을 보면 그가 어떻게 해서 거부가 되었는지 짐작할 수 있을 것이다. 누구나 적용할 수 있고 누구든 실천할 수 있는 성공의 철학과 원칙을 정립해서 삶의 길을 찾는 많은 사람에게 도움을 주려 한 그가 평생 탐구했던 주제들이 잘 담겨 있다.

은퇴 이후의 삶을 위해, 새집을 위해, 새 자동차를 위해, 자녀 교육을 위해 어느 정도의 돈을 벌지 지금 당신은 결정해야 한다. 그래야 시작할 수 있다. 준비가 되었다면 이제 나폴레온 힐과 앤드류 카네기의 흥미로운 대화에 귀를 기울여보자.

나폴레온 힐의 책임 매니저 **W. 클레멘트 스톤**

| 차례 |

Think
And
Grow
Rich

STEP
1

명확한 목표를

세워라

명확한 목표는 성공의 필수 요소입니다.
자신이 무엇을 원하는지 모르는데,
성공할 수는 없을 겁니다.
98%의 사람이 아무런 목표 없이
실패자의 삶을 살아간다는 점에 주목하십시오.
명확한 목표를 가지고
매 순간을 살아가야 합니다.

철강왕 앤드류 카네기와
나폴레온 힐의 운명적 만남

나폴레온 힐(이하 '힐')　　　　카네기 씨는 정규교육을 제대로 받지 못했지만 혼자 힘으로 지금의 자리에 오르셨습니다. 어떻게 해서 부와 권력을 얻게 되었는지 쉽게 설명해 주시겠습니까?

앤드류 카네기(이하 '카네기')　　　　우선 조건이 있습니다. 인간관계의 원리를 누구에게나 통용되는 성공철학으로 정립할 수 있는지 당신에게 묻고 싶군요. 그럴 준비가 되어 있다면 얼마든지 말씀드리지요.

제가 가진 재산을 사회에 환원하는 것도 사람들에게 도움이 될 테지만, 제가 부를 쌓을 수 있었던 저만의 성공철학을 알려주는 게 더 큰 도움이 될 것으로 생각합니다. 그러니 다른 분야에서 성공한 사람들과 저를 비교하고 분석해 누구나 적용할 수 있는 성공철학을 세워주셨으면 합니다.

좋은 철학은 성공과 실패로 이끄는 길을 명확하게 보여줘야 합니다. 그때까지 꾸준히 연구해 주시기를 부탁합니다.

힐 　　네, 제가 그 일을 꼭 해내겠습니다. 성공과 실패의 원인을 알 때까지 끊임없이 연구해 이뤄내겠습니다. 그렇다면 이제 카네기 씨의 성공 원칙에 관해 들려주시겠습니까?

타오르는 열망의 위력

카네기 　　성공의 열일곱 가지 원칙 중 첫 번째 원칙은 '명확한 목표'입니다. '명확한 목표'를 세운 사람만이 나머지 열여섯 가지 원칙을 자유자재로 활용할 수 있다는 점을 강조하고 싶습니다. 지금껏 저는 목표가 없거나 불분명한 사람이 성공했다는 말을 들어보지 못했습니다. 명확한 목표를 세운다는 것은 그만큼 중요합니다.

성공했다고 알려진 사람들을 보면 모두가 명확한 목표의식이 있었습니다. 그 사람들은 자신의 목표를 이루려고 최선을 다했습니다.

제 목표는 철강을 만들어 파는 것이었습니다. 노동자로 일할 때부터 단지 그 생각만 했습니다. 제게 그 목표는 단순한 바람 이상의 타오르는 열망이었습니다. 타오르는 열망만이 원하는 결과에 이를 수 있습니다.

그렇다면 단순한 바람과 타오르는 열망의 차이점은 무엇일까요? 사람은 누구나 돈과 명예, 사회적 지위를 원합니다. 그러나 대부분이 '그랬으면 좋겠다.' 하는 바람 수준에 머물러 있을 뿐입니다. 하지만 자신이 원하는 것을 명확하게 아는 사람은 바람 수준이 아닌, 강렬한 소망으로 바꾸려고 노력합니다. 그러려면 다른 사람과의 협력은 필수입니다. 위대한 업적은 타인의 도움 없이는 불가능하기 때문입니다.

그렇다면 다른 사람과의 협력을 얻으려면 어떻게 해야 할까요? 이 부분은 나중에 설명하겠습니다.

힐   흔히들 돈이 있어야 성공할 수 있다고 말합니다. 그러나 카네기 씨는 빈손으로 시작해 지금의 성공을 이루셨는데, 엄청난 돈을 모을 수 있었던 비결은 무엇이었나요?

카네기   가난한 사람이 부자로 향하는 첫 단계는 무척 어려운 길입니다. 간략하게 설명하자면, 부자가 되려면 명확하고도 간결한 밑그림을 그려야 합니다. 완성된 밑그림에 몰두하게 되면, 어느 순간 잠재의식 속에서 자연스럽게 밑그림에 영향받은 행동을 하게 됩니다. 제 경험을 들어 설명해 드리지요.

철강을 만들겠다는 명확한 목표를 세우게 되면서 저는 오로지 철강에 관한 생각만 했습니다. 열망에 이르도록 나 자신을 채찍질하며 밤낮으로 철강 생각에만 몰두했습니다.

그런 다음, 자본은 없지만 제 아이디어를 인정해 주는 친구에게 이 사실을 전했습니다. 그리고 철강소 설립에 뜻이 맞는 두 사람을 더 끌어들였지요. 이렇게 해서 네 사람이 마스터 마인드 연합의 핵심이 되어 아이디어 개발에 필요한 자금을 끌어모았습니다.

여기서는 명확한 목표의 출발점까지만 언급하고, 다음 장에서 마스터 마인드에 관해 설명하겠습니다.

성공은 마음가짐에 달렸다

카네기　성공철학과 더불어 성공한 사람들에 관해서도 깊이 있는 연구를 부탁합니다. 그들은 다른 사람들보다 더 많이 노력해 성공의 길로 갈 수 있었습니다.

'학교에 다녀본 적 없는 사람도 성공하는데 왜 많이 배운 사람들이 성공하지 못할까?' 하고 의아해하는 사람도 있습니다. 하지만 크나큰 성공은 지식에 있는 것이 아니라 목적이나 목표를 가시적으로 바꿔주는 '긍정적인 마음가짐'에 있습니다. 긍정적인 마음가짐은 생각에 힘을 불러일으킵니다.

힐   긍정적인 마음가짐을 얻게 되기까지는 얼마나 걸릴까요?

카네기   그것은 전적으로 개인의 기질과 자기통제에 달려 있습니다. 자기통제란 욕망, 불안감, 의심, 두려움 같은 부정적인 생각을 통제해 무한한 지성에 자신을 맡기는 것입니다.
예를 들어 100달러를 모으는 목표가 있습니다. 길게는 며칠, 짧게는 몇 분이면 모을 수 있을 겁니다. 그럼 100만 달러를 모으는 게 목표라면 어떻게 해야 할까요? 간단합니다. 100만 달러가 될 때까지 계속해서 모아야 합니다. 그러기 위해서는 자신의 목표를 가시적인 물질 형태로 바꾸고 얼마나 걸릴지 기간을 정하는 것이 좋습니다.

힐   그 말씀은 공짜로 얻어지는 건 없다는 의미인가요?

카네기   모든 일에는 원인과 결과가 있습니다. 부와 재물은 열심히 일한 결과로 주어진다는 뜻입니다. 제가 질 좋은 철강을 만들어 공급하지 않았다면 지금의 저는 없을 겁니다. 세상에 공짜는 없고, 모든 건 그만큼의 대가를 치러야 얻을 수 있습니다. 성공도 목표만 세워서는 이루어지지 않습니다. 목표를 이룰 때까지 끊임없이 노력해야 합니다.

힐   명확한 목표의 본질은 무엇입니까? 목표를 마음에 품고, 그 목표를 가시적인 것으로 바꾸면 되나요? 그리고 카네기 씨도 목표를 적어두시는지요?

카네기   명확한 목표의 본질은 사람에 따라 다릅니다. 잘 훈련된 사람은 외적인 요인에 휩쓸리거나 흔들리지 않고 목표를 향해 나아갈 수 있지만, 훈련받지 않은 사람이라면 기댈 수 있는 버팀목이 있어야 합니다.

예를 들면, 자신의 목표를 자세히 적은 다음 하루에 한 번 이상 큰 소리로 읽는 습관도 버팀목이라고 할 수 있겠지요. 상세한 목표를 순서대로 써 내려가다 보면 어느 순간 목표는 명확해지고 마음 깊이 새겨져, 행동하는 것 역시 목표에 맞게 바뀌게 되지요. 저는 노동자 시절부터 지금까지 줄곧 이 방식을 유지해 왔습니다. 이제는 적어두는 차원이 아니라 마스터 마인드와 함께 목표를 이룰 구체적인 계획까지 세웁니다.

위대한 성공은 협력자와 관계가 잘 밀착된 상황에서 대부분 이루어집니다.

저는 오래전부터 한 명의 협력자만으로는 목표를 이루기가 불충분하다는 사실을 깨달았지요. 마스터 마인드 멤버와 함께 공동의 목표를 위해 협력할 때 놀라운 힘이 생깁니다.

힐   어쩌면 대답하기 불편한 질문일 수도 있겠습니다. 당신이 부를 쌓아온 지금까지 수천 명의 노동자는 늘 가난하게 살고 있습니다. 당신이 그들 덕에 부자가 될 수 있었다며 비난하는 사람들이 있는데, 당신과 노동자들의 삶이 다른 이유가 무엇일까요?

카네기   꼭 짚고 넘어갈 질문이라고 생각합니다. 지금껏 이와 똑같은 질문을 수없이 들었습니다. 그때마다 저는 말합니다. 죽기 전에 제 모든 재산을 사회에 환원할 생각인데, 가장 좋은 방법을 찾는 중이라고요.

이상하게 들리겠지만 자신이 스스로 땀 흘려 번 돈이 가장 소중합니다. 제 재산을 우리 회사 노동자에게 나눠주는 게 도움이 된다면 기꺼이 그렇게 하겠습니다. 돈은 가져서가 아니라 제대로 쓰는 사람이야말로 지혜로운 사람일 테니까요.

저의 성공과 우리 노동자들의 처지가 크게 다른 이유를 물으셨지요. 저는 책임이 따르는 일들을 마다하지 않아 부자가 되었다고 답하겠습니다.

수천 명의 노동자 중의 한 명이었던 찰리 슈왑이 부자가 될 수 있었던 것은 자신에게 주어진 일과 보수 이상으로 많은 일을 했기 때문입니다.

그는 높은 수입이 보장되기 훨씬 전부터 제 업무를 도와 막중한 책임이 따르는 일까지 기꺼이 맡았습니다. 그건 누구나 아는 사실입니다.

직원들의 임금은 제가 정하는 것이 아니라 그들이 제공하는 노동력의 양과 질, 그리고 일에 대한 마음가짐에 따라 달라진다고 볼 수 있지요. 이 점을 이해한다면 빈부 격차는 불공평한 것이라는 생각이 바뀔 겁니다.

힐   명확한 목표가 없더라도 방금 말씀하신 것처럼 책임감을 가지고 일한다면 당신처럼 부자가 될 수 있다는 의미인가요?

카네기   직원들과 이야기를 나누면서 그들의 목표가 단지 지금의 자리를 뺏기지 않는 것이라는 걸 알게 되었습니다. 이들은 자신이 정한 한계 안에서만 맴돌며 현재의 임금에 만족하며 살아갑니다. 하지만 스스로 바뀌지 않으면 절대 변할 수 없습니다. 풍요롭고 자유로운 세상에서 자신의 마음가짐과 욕망을 조절할 수 있는 사람은 자기 자신뿐이니까요.

힐　　옛날보다 지금이 경제적으로 독립하기가 더 어려워졌다고들 말합니다. 당신을 비롯한 소수의 부자가 다른 사람들에게 돌아갈 기회까지 빼앗았다고도 말하는데, 이 같은 견해를 어떻게 생각하시는지요.

카네기　　기회를 빼앗았다고요? 요즘은 이전과 달리 일한 만큼 부를 창출할 기회가 넘치는 시대입니다. 우리에게 부족한 것, 앞으로 더욱 필요한 것이 있다면 각자의 상상력, 독립심, 독창성이 아닐까요?

미래를 내다볼 줄 모르는 근시안적인 사람들, 기회가 없다고 불평하는 사람들을 살펴보세요. 책임지기를 회피하는 사람들일 뿐입니다. 기회가 줄고 있다는 근시안적 주장에 현혹되지 않기를 바랍니다.

힐　　이 시대의 젊은이들에게 큰 희망을 주는 이야기라고 할 수 있겠군요. 상상력과 독립심, 독창성을 갖춰야 새로운 기회를 잡을 수 있다는 말씀 외에 성공을 꿈꾸는 이들에게 필요한 건 또 무엇이 있을까요?

카네기　　한계에 도전하는 일입니다. 그리고 자신에게 엄청난 기회가 주어졌다는 사실을 잊지 말아야 합니다.

이제 당신은 성공을 꿈꾸는 사람들에게 힘이 될 새로운 철학을 보여주어야 합니다. 저처럼 명확한 목표에 따라 사고하고 행동하면 가능한 일입니다. 결국 많은 이들에게 영감을 불러일으켜 줄 힘이 생길 겁니다.

힐   저는 경험도 부족하지만, 가진 것이라고는 지식에 대한 간절한 열망과 대가를 치르고서라도 얻고자 하는 의지뿐입니다.

카네기   젊은이들에게 지식을 향한 갈망과 의지만큼 위대한 자산은 없습니다. 하찮게 생각해서는 안 됩니다. 세상은 당신처럼 열망과 의지로 가득 찬 사람이 필요합니다.

목표가 명확해야 성공한다
||||||||||||||||||||||||||||||||||||||||||||||||||||||||||||||

힐   성공의 열일곱 가지 원칙 중에서 명확한 목표를 가장 첫 번째로 꼽은 이유는 무엇입니까?

카네기   명확한 목표는 성공의 필수 요소입니다. 자신이 무엇을 원하는지 모르는데, 성공할 수는 없을 겁니다. 98%의 사람이 아무런 목표 없이 실패자의 삶을 살아간다는 점에 주목하십시오.

명확한 목표를 가지고 매 순간을 살아가야 합니다. 목표를 습관으로 삼지 않으면 표류하는 삶을 살아가게 됩니다.

힐   당신은 성공을 어떻게 정의하겠습니까?

카네기   성공이란 '타인의 권리를 침해하지 않는 범위에서 자신이 원하는 것을 얻을 수 있는 능력을 갖추는 것'입니다.

힐   성공에 운이 작용한다고 생각하십니까?

카네기   제가 말하는 성공의 정의를 이해하신다면 운이라는 요소는 들어있지 않다는 걸 알 수 있을 겁니다. 한 사람의 개성과 습관이 결합해 개인의 능력이 됩니다. 개인의 능력은 다음 열 가지입니다.

개인의 능력
- 명확한 목표의식
- 신속한 결정 능력
- 건전한 인격(정직성)

- 감정 절제력

- 최선을 다하는 집념

- 직업에 대한 소명감

- 관대한 마음

- 신실한 태도

- 지식에 대한 끝없는 갈망

- 깨어 있는 상상력

위 열 가지 능력 모두가 다른 사람의 권리를 침해하지 않는 범위에서 누구나 계발하여 개인의 것으로 만들 수 있는 것들입니다.

타오르는 열망만이
원하는 결과에 이를 수 있다.

Think
And
Grow
Rich

STEP
2

마스터 마인드 원리를

활용하라

> "
>
> 타인과 조화를 이루지 못한 채
> 평생을 살아가는 사람들이 있는데,
> 성공한다 해도 바람직하지 못합니다.
> 다른 사람과 조화를 이루는 노력을 통해
> 평범함을 뛰어넘는 힘,
> 즉 혼자서는 경험할 수 없는
> 무형의 에너지를 얻는 것이 중요합니다.
>
> "

힐　　　성공의 두 번째 원리로 마스터 마인드(Master Mind)를 말씀하셨는데, 어떤 개념인지 정의해 주시겠습니까?

카네기　　마스터 마인드란 '명확한 목표를 달성하기 위해 완벽한 조화 속에 협력하는 둘 이상 복수의 정신적 연합체'라고 할 수 있습니다.

힐　　　단순히 명확한 목표를 갖는 것만으로는 성공이 보장되지 않는다는 뜻인가요?

카네기　　중요한 목적을 달성하려면 마스터 마인드 연합 구성원들과 조화로운 관계를 맺어야 합니다. 멤버들이 가진 능력으로부터 많은 것을 얻어낼 수 있기 때문입니다. 마스터 마인드 연합 멤버들과의 조화와 협력의 중요성을 간과하여 성공의 기회를 놓치는 경우가 많습니다.

협조적인 태도를 보이는 사람들로 마스터 마인드 연합을 구성하려고 할 텐데요. 중요한 것은 겉모습이 아닌 마음가짐입니다. 마스터 마인드 연합은 리더와 모든 멤버들의 생각과 마음이 완전한 공감과 조화를 이루어야 합니다.

조화로운 관계를 맺고 유지하는 방법

힐 마스터 마인드의 개념을 잘 이해했습니다. 그렇다면 조화로운 관계를 맺고 유지하는 방법은 무엇일까요?

카네기 원만하고 조화로운 관계를 유지하는 방법을 설명해드리지요.

인간이 하는 모든 행동의 배경에 분명한 동기가 있다는 걸 기억하세요. 인간은 습관과 동기에 따라 행동하는 존재입니다. 그리고 동기가 있어 시작한 일이 나중에는 습관으로 굳어집니다. 인간의 행동을 유발하는 아홉 가지 주요한 동기가 있습니다. 그 동기들을 이해한다면 인간이 타인과 어떻게 조화를 이루어 협력하게 되는지 깨닫게 될 겁니다.

마스터 마인드 연합을 만드는 리더는 무엇이든 할 수 있는 사람이어야 하고, 그에게 주어지는 동기에 조화롭게 반응하는 사람이어야만 합니다.

인간을 자발적으로 행동하게 하는
아홉 가지 주요 동기

힐   앞서 말씀하신 인간의 행동을 유도하는 아홉 가지 주요 동기가 무엇인지 설명해 주시겠습니까?

카네기   네, 우리 인간을 움직이고 행동하게 하는 아홉 가지 기본 동기에 관해 말씀드리겠습니다.

- 사랑의 감정(타인의 정신 능력에 다가가는 관문)
- 섹스의 감정(생물학적 성이 변화되면 행동의 강력한 자극제가 된다)
- 경제적 이익에 대한 욕구
- 자기 보호에 대한 욕구
- 심신의 자유에 대한 욕구
- 유명해지려는 자기표현의 욕구
- 영생에 대한 욕구

나머지 두 가지는 부정적 감정이지만 행동을 자극하는 데 강력한 힘을 발휘합니다.

- 분노의 감정(종종 시기와 질투로 나타난다)
- 공포의 감정

우리는 이러한 아홉 가지 동기에 의해 구체적인 행동을 하게 됩니다.

마스터 마인드 연합의 리더는 멤버들로부터 성공에 필요한 협력을 끌어내기 위해 하나 혹은 그 이상의 동기를 활용할 수 있어야 합니다. 제 경험으로 사람에게서 가장 큰 반응을 끌어낸 감정은 다음과 같았습니다.

비즈니스 목적의 연합에서 사람들은 섹스와 경제적 욕망에 쉽게 반응합니다. 대다수의 남성이 돈을 원합니다. 그런데 돈을 원하는 이유가 실은 여성을 위해서인 경우도 있습니다.

이때는 사랑, 섹스, 경제적 이익이라는 세 가지 동기에 의해 움직이게 되겠지요. 물론 경제적 이득보다 명예를 얻기 위해 고군분투하는 사람들도 있습니다.

협력과 조화의 중요성

힐   마스터 마인드 연합의 멤버를 선택하려면 먼저 그 사람에 대해 잘 파악해야 할 것 같습니다. 카네기 씨는 어떻게 사람을 선택하셨습니까? 단번에 결정하셨나요, 아니면 시행착오를 거친 후에 결정하셨나요?

카네기   아무리 현명하다 해도 다른 사람을 한눈에 판단할 수는 없겠지요. 물론 그 사람의 능력이 겉으로 드러나는 면도 있습니다. 하지만 마스터 마인드 연합에서 가장 중요한 것은 '마음가짐'입니다.

마음가짐이 부정적이고 다른 사람과의 관계에서 이기적이거나 독선적인 성향이 있다면, 그는 마스터 마인드 연합에 적합하지 않습니다. 이런 사람이 연합 구성원이 되면 다른 멤버에게 좋지 못한 영향을 미쳐서 모두의 능력을 떨어뜨리게 됩니다.

우리 연합의 구성원 중 일부는 노동자 중에서 능력을 검증받아 들어왔고, 일부는 외부에서 여러 단계를 거쳐 선택되었습니다. 가장 유능하다고 할 수 있는 멤버는 회사의 가장 말단부터 시작해 다양한 부서를 거치며 높은 자리까지 올라온 사람들이었습니다. 그들이 높은 지위에 오를 수 있었던 건 협력과 조화의 중요성에 대해 잘 알고 있었기 때문입니다. 건강한 마음가짐을 가진 사람은 어느 분야에서든 최고의 자리에 오를 수 있습니다. 당신의 성공철학에서 이 점을 강조해 주셨으면 합니다.

힐   마스터 마인드의 리더라면 모든 분야를 속속들이 알고 있어야 할 것 같은데요.

카네기   저는 철강의 제조 기술이나 마케팅에 관한 측면은 잘 모릅니다. 꼭 필요한 것도 아니고요. 저에게 필요한 것은 타인의 경험, 훈련, 전문지식을 이용할 수 있는 마스터 마인드 원리입니다.

제조와 마케팅 분야에 뛰어난 능력을 지닌 스무 명이 넘는 인재들이 제 주변에 있습니다. 제가 할 일은 그들이 능력을 발휘할 수 있도록 독려하는 것입니다.

어떤 방식으로 독려하느냐고요? 대부분 경제적인 방법을 이용합니다. 저는 마스터 마인드 연합 멤버들이 자신의 연봉을 스스로 정하게 했습니다. 이런 체계에서는 원래 허용된 보수의 최고 상한선을 넘어서는 것도 가능하지요. 단, 그만한 자격이 있다는 것을 구체적으로 입증해야 합니다. 이러한 시스템은 개인의 독창성과 상상력, 열정을 자극할 뿐 아니라, 그 사람을 끊임없이 성장하고 발전하게 합니다.

제 인생의 목표는 부의 축적이 아니라 다른 사람들을 발전시키는 데 있다는 사실을 잊지 마십시오. 제가 다른 사람들의 발전을 위해 노력했을 때, 부와 명예가 자연스럽게 따라왔습니다.

힐　　성공은 마스터 마인드의 결과라고 말씀하셨습니다. 하지만 예외도 있지 않을까요? 마스터 마인드 없이도 위대한 예술가나 세일즈맨이 될 수 있지 않습니까?

카네기　　그 질문에는 단호히 '아니요!'라고 답하겠습니다. 마스터 마인드 없이 예술가나 세일즈맨이 될 수는 있겠지만, 결코 탁월할 수는 없을 겁니다.

조물주는 사람을 혼자서는 완전할 수 없는 존재로 창조하셨습니다. 위대한 아이디어는 명확한 목표를 가진 두 사람 혹은 그 이상의 사람들이 완전한 조화를 이룰 때 탄생합니다. 혼자만의 비즈니스로 큰 성공을 거둘 수는 없습니다. 타인과 조화를 이루지 못한 채 평생을 살아가는 사람들이 있는데, 성공한다 해도 바람직하지 못합니다.

다른 사람과 조화를 이루는 노력을 통해 평범함을 뛰어넘는 힘, 즉 혼자서는 경험할 수 없는 무형의 에너지를 얻는 것이 중요합니다.

힐　　마스터 마인드 연합의 구체적인 사례에는 어떤 것이 있는지 들려주시겠습니까?

카네기　연방 정부와 주 정부로 이루어진 미국의 정부 형태가 대표적이라고 할 수 있습니다. 국가는 이 둘의 협력 아래 발전해 왔지요.

그리고 철도의 예를 들 수 있습니다. 기차는 여러 사람의 연합에 의해 운행됩니다. 차장은 승무원들의 리더 격이지요. 목적지로 향하는 동안 승무원들은 차장의 권위를 존중하며 지시에 따릅니다. 만약 기관사가 차장의 신호를 무시하고 따르지 않으면 어떤 일이 일어날까요? 수많은 사람이 희생되는 대형 사고로 이어지겠지요.

경영에서도 마찬가지입니다. 마스터 마인드 원리가 무너지고 직원들 사이에 갈등이 커지면 기업은 망할 수밖에 없습니다. 이것이 성공의 핵심이라는 사실을 이해하셨나요?

힐　마스터 마인드 원리가 당신의 엄청난 성공과 부의 원천이었다는 사실은 미처 몰랐습니다.

카네기　꼭 그것 덕분에 성공했다고 할 수는 없습니다. 앞으로 설명할 부분도 대단히 중요해요.

마스터 마인드에서 중요한 두 번째 원리는 '명확한 목표'입니다. 성공한 기업들을 살펴보면 마스터 마인드와 명확한 목표가 결합되어 있습니다.

거리의 부랑자들에게 뚜렷한 목적이나 마스터 마인드가 있을까요? 그들이 머리를 맞대고 목표를 만든다면 더는 정처 없이 떠도는 삶을 살지 않아도 될 겁니다.

힐 그들은 왜 마스터 마인드의 위력을 발견할 수 없었을까요?

카네기 저 역시 마스터 마인드 원리를 발견한 건 아니었습니다.《성경》을 보고 깨달았을 뿐입니다.〈신약〉에 나오는 그리스도와 열두 제자에 관한 이야기를 잘 아실 겁니다. 제가 보기에 이 세상에서 마스터 마인드 원리를 가장 처음 사용한 사람이 바로 그리스도가 아닐까 합니다. 그리스도와 그 제자들이 행한 놀라운 일들을 떠올려 보세요. 그리스도의 능력은 신과의 교제에서 비롯되었으며, 제자들은 그리스도와 정신적 연합을 통해 기적 같은 일들을 해냈습니다. 그리스도는 제자들을 향하여 그들이 그리스도 자신보다 더 큰 일을 할 수 있다고 말했습니다. 명확한 목표를 가지고 절대자와 소통할 수 있는 마스터 마인드 원리를 깨달았기 때문이지요.

제자 가롯 유다가 그리스도를 배반하자 어떤 일이 일어났나요? 제자들을 그리스도와 하나로 묶고 있던 유대가 끊어지고 비극적인 결과를 초래했습니다. 사업이나 가정에서도 마스터 마인드 연합이 깨지면 이후에 찾아오는 것은 파멸입니다.

힐 사업상의 다른 관계들보다 마스터 마인드 연합이 더욱 실질적인 도움을 줄 수 있습니까?

카네기 그렇습니다. 마스터 마인드 연합은 협력이 필요한 모든 인간관계에서 매우 유익합니다.

예를 들어 온 가족이 마음과 뜻을 모아 가족 전체를 위해 헌신한다면 어떤 일이 일어날까요? 경제적 안정과 행복감으로 충만한 가정이 될 것입니다. 배우자 덕분에 성공했다, 혹은 반대로 망했다고 하는 말을 들어보셨지요? 이상하게 들릴지 몰라도 그건 엄연한 사실입니다. 왜 그런지 이유를 설명하겠습니다.

결혼을 통한 남녀의 결합은 다양한 마스터 마인드 연합 중에서도 가장 완벽한 형태입니다. 두 사람은 사랑과 이해, 일치감, 완벽한 조화로 하나가 되었으니까요. 시대를 불문하고 성공한 남자들의 옆에는 삶을 성공으로 이끌어 준 아내가 있었습니다. 이것이 결혼에서 나타나는 마스터 마인드의 위력입니다. 남편의 생각을 지지하며 격려해 주는 아내와 결혼한 남자는 진정한 행운아입니다. 이런 아내는 남편을 더 큰 성공으로 나아가도록 이끌어 줄 수 있습니다.

힐   마스터 마인드 원리가 타인의 지식과 경험을 활용하
게 해준 뿐 아니라 정서적 교류 면에서도 도움이 된다는 말씀
이군요.

카네기   네, 정확히 이해하셨습니다. 한 심리학자는 "서로 다
른 두 마음이 만나 연합을 이루면 특별한 힘을 가진 새로운 마
음이 태어난다."라고 말했습니다.
두 사람의 연합으로 탄생한 세 번째 마음이 득이 될지 해가 될
지는 전적으로 두 사람의 마음가짐에 달려 있습니다. 두 사람
이 서로 조화롭고 호의적이라면 세 번째 마음이 도움이 되지
만, 둘 중 하나라도 상대방에게 우호적이지 않을 때는 세 번째
마음이 두 사람의 관계에 좋지 못한 결과를 가져오겠지요.
마스터 마인드 원리는 인간이 만들어낸 것이 아닌 자연 그대로
의 원칙입니다. 바꿀 수 없는 불변의 원칙을 우리의 삶에 도움
이 되도록 적용할 수 있습니다.

힐   정규교육을 충분히 받지 못했더라도 타인의 지식을
활용하여 성공하는 게 가능한가요?

카네기   물론입니다. '많이 배우지 못했으니 실패하는 게 당연하다.' 또는 '많이 배웠으니 성공하는 게 당연하다.'라는 말은 변명일 뿐입니다.

흔히 '아는 것이 힘이다.'라고 말하는데 그 말은 반쪽짜리 진리입니다. 지식이란 잠재되어 있을 때가 아니라 명확한 행동으로 표현됐을 때만 힘을 가질 수 있으니까요.

지식의 소유와 '배운다(being educated)'라는 말은 조금 다릅니다. 'educate'란 단어는 라틴어 'educare'에서 나온 말로 '끌어내다', '발전시키다', '계발하다'라는 뜻이 있습니다. 지식의 소유나 습득을 뜻하는 게 아니지요.

앞서 말했듯 성공이란 타인의 권리를 침해하지 않은 범위에서 자신의 욕구를 실현하는 힘입니다. 성공을 정의하는 단어에 '힘(power)'이라는 단어를 썼다는 사실에 주목해야 합니다.

지식은 목표를 이루기 위해 타인의 지식과 경험을 활용하는 것입니다. 다른 사람의 마음을 사용하기에 앞서 자기 자신이 모든 것을 책임지겠다는 자세가 먼저 필요합니다. 독창성, 자신감과 함께 스스로 정한 자신의 한계를 넘어서는 것이 우선되어야 합니다.

힐   마스터 마인드 연합을 조직하는 구체적인 방법에 대해 말씀해 주시겠습니까?

카네기 구성원의 교육과 경력, 개성, 마음가짐에 따라 조금씩 달라지지만, 대부분의 경우에 적용되는 기본 원칙이 있습니다. 앞서 이야기한 대로 모든 성공은 '명확한 목표'에서 출발합니다. 두 번째로 중요한 것은 '구성원의 선택'입니다. 목표에 대한 완벽한 공감대가 형성되어야 그것을 달성할 수 있습니다. 그러기 위해서는 멤버들의 교육, 경력, 자발적이며 우호적인 마음가짐 등이 기본적으로 뒷받침되어야 합니다.

세 번째 원칙은 '동기'입니다. 아무 대가 없이 마스터 마인드 연합에 참여하라고 설득할 수는 없지요. 여기서 제가 말하는 동기란 경제적 보상이나 유리한 조건을 말하며, 구성원이 제공하는 노동력 이상이거나 최소한 그에 상응하는 것이어야 합니다. 멤버의 가치에 걸맞은 보상 체계를 정하지 않고 마스터 마인드 연합을 구성하려고 하면 실패하기 쉽습니다.

마스터 마인드 연합 멤버 간의 완벽한 조화는 성공의 보증수표와 같습니다. 다른 멤버가 하는 일에 대해 보이지 않는 곳에서 비난하는 등의 충실하지 못한 태도가 있어서는 안 되며, 모든 멤버가 사적인 견해나 욕구는 접어두고 공동의 목표를 이루기 위해 매진해야 합니다.

리더는 멤버를 결정할 때 '이 사람이 과연 연합 전체의 이익을 위해 일할 사람인가?'라는 질문을 반드시 던져야 합니다. 이 질문에 대해 확신이 서지 않는다면 선택해서는 안 되겠지요. 여기에 타협이란 있을 수 없습니다.

힐   목표를 정하고 적합한 사람을 선발했다면 그다음으로 해야 할 일은 무엇인가요?

카네기   그렇다면 이제 행동을 할 때입니다. 멤버가 정해진 다음부터는 명확한 목표를 이루기 위한 때와 중요한 목적을 향해 활발히 움직여야 합니다. 우유부단, 게으름, 계획의 지연은 그룹 전체의 흐름에 장애가 됩니다. 성공에는 분명하면서도 끊임없는 계획과 실천이 요구됩니다. 노력해서 얻어지는 것보다 더 나은 결과물은 없습니다.

힐   마스터 마인드 연합에서 리더는 어떤 역할을 해야 할까요?

카네기   리더란 말 그대로 앞장서는 사람입니다. 그러려면 일의 시작과 끝을 파악해야 하며, 다른 멤버보다 더 많이 일해야 합니다. 리더를 최종 결정권자로 생각하는 경영주들이 많은데, 이는 잘못된 생각입니다. 리더라면 "너희 중에 으뜸이 되고자 하는 자는 모든 사람의 종이 되어야 한다."라는 성경 구절을 좌우명으로 삼아야 합니다.

힐 　카네기 씨의 경험에 비추어 마스터 마인드 연합의 성
패를 좌우하는 요소는 무엇입니까?

카네기 　마음가짐입니다. 마음가짐은 마스터 마인드 연합뿐
아니라 타인과의 협력이 요구되는 모든 인간관계에서 가장 중
요한 요소입니다. 저는 마스터 마인드 연합이 갖는 장점을 최
대한으로 누리는 것은 구성원들 자신이라고 단언할 수 있습니
다. 저 역시 그렇게 될 수 있도록 멤버들의 잠재력을 북돋아 주
기 위해 끊임없이 노력했지요.

완벽한 조화 속에 전체의 이익을 위해 일하는 사람들의 모습처
럼 보기 좋은 것도 없습니다. 막강한 적과의 싸움에서 열세에
있던 조지 워싱턴의 군대가 이길 수 있었던 것도 이 같은 마스
터 마인드 정신이 있었기에 가능했습니다. 성공하는 기업에는
항상 서로 협력하는 고용주와 피고용인이 있습니다.

스포츠의 장점은 팀워크를 배울 수 있다는 것이지요. 하지만
학교를 졸업하고 성인이 되면 팀워크를 발휘할 기회가 많지 않
습니다. 안타까운 현실이지요. 스포츠맨십을 지닌 사람은 그렇
지 않은 사람보다 인생을 훨씬 조화롭게 살 수 있습니다. 스포
츠맨십은 마스터 마인드 원리의 중요한 요소이자 시작점이니
까요.

힐   어떤 일이든 팀워크를 형성한다면 해낼 수 있을 것 같
군요. 그럼 다시 본론으로 돌아가 성공하는 마스터 마인드 연
합의 조건에 대해 말씀해 주시겠습니까?

카네기   마스터 마인드 연합이 되려면 가장 먼저 멤버 간의 신
뢰가 형성되어야 합니다. 겉만 보고 멤버의 서열에 대해 논의
해서도 안 되며, 각자가 이룬 성과 또한 공개해야 합니다.
위대한 사람들은 자신과 신만이 아는 목표를 갖고 있다고 합니
다. 위대해지고 싶은 욕망이 없는 사람이라 하더라도 이 말처
럼 자신의 목표와 계획을 묵묵히 실천한다면 언젠가 많은 것을
얻게 될 것입니다.

힐   마스터 마인드 원리가 잘 적용되고 있는 연합의 사례
를 들어주시겠습니까?

카네기   행정부, 사법부, 입법부로 이루어진 정부가 대표적입
니다. 미국은 국민과 정부의 조화로운 관계를 바탕으로 형성된
거대한 마스터 마인드 연합체이며, 개별 주 정부는 독립된 행
정력을 갖고 있습니다. 국민의 뜻에 따라 이러한 시스템을 바
꾸는 일도 가능하고, 이례적인 일이 되겠지만 공무원을 해임할
수도 있습니다.

가정의 마스터 마인드

힐   앞서 가정에서의 마스터 마인드 원리에 대해 짧게 언급하셨는데요, 어떻게 적용할 수 있는지 무척 궁금합니다.

카네기   가족과의 관계는 사람의 일과 경력에 매우 큰 영향을 미칩니다.

결혼을 통해 부부 사이에는 더욱 깊이 교류할 수 있는 정서적 관계가 형성됩니다. 모든 인간관계를 통틀어 결혼만큼 마스터 마인드 원리의 본질을 경험하는 기회도 없을 겁니다.

가장 중요한 것은 배우자의 선택입니다. 행복한 결혼이 되려면 현명하게 배우자를 선택해야 합니다. 그러기 위해서는 솔직하고 친밀한 대화를 통해 상대방이 자신과 잘 맞는 사람인지 살펴봐야 합니다. 자신이 하는 일과 삶의 태도를 솔직하게 표현하고, 상대방이 거기에 얼마나 공감하는지 확인해야 합니다. 배우자와 완전한 조화를 이루어 같은 목표를 향해 나아가는 사람은 값을 매길 수 없는 귀중한 재산을 소유한 것과 같습니다. 그것이 위대한 성공의 길로 평생 이끌어 줄 테니까요. 생각이 달라 서로 반목하고 갈등하는 부부는 성공의 기회를 스스로 파괴하는 것과 마찬가지입니다.

힐   결혼한 남성이 아내가 아닌 다른 여성에게 관심을 두는 것에 대해 어떻게 생각하시는지요?

카네기   시간이 흐르면서 아내에 대한 관심이 줄어드는 것도 어쩌면 현실이겠지요. 자신의 일에 관심을 표현하는 사람이 있다면 친밀감을 더 느낄 수도 있을 겁니다.
남자는 칭찬과 격려로 살아가는 존재입니다. 그런 남자에게 아낌없는 칭찬과 격려, 지지를 베풀어줄 유일한 사람은 바로 아내라는 사실을 잊지 않아야 합니다.

힐   부부가 같은 회사에서 일하거나 유사한 직종에 종사하는 건 어떻습니까? 경제적으로는 어떤 이익이 있을까요?

카네기   부부의 직업이 비슷하다면 사회적 친밀도가 다른 사람이나 다른 분야의 일에 관심을 가질 일이 줄어들겠지요.
또한 아내 역시 경제활동의 어려움과 수입 상황을 잘 알기 때문에 가계를 꾸려가는 일에 도움이 됩니다.

힐   앞서 배우자 선택에 관한 말씀을 해주셨는데요, 남편의 직업에 대해 아내의 이해가 부족하거나 공통의 화제를 갖기 어려운 부부의 경우 어떤 해결책이 있을까요?

카네기　남편이 먼저 아내에게 자신이 하는 일에 대해 상세히 말해 주어 관심을 두도록 해야 합니다. 그리고 가족들이 함께 관계를 개선하기 위한 계획도 세워야겠지요. 적어도 일주일에 한 번 이상 부부가 함께 마스터 마인드 시간을 갖는 게 좋습니다. 서로의 관심사에 대해 친밀한 대화를 나누면서 상대방을 더욱 깊이 이해할 수 있어야 합니다. 부부 사이에 교류가 끊어지지 않게 하는 일이 중요합니다.

힐　'결혼만 하면 그다음엔 어떻게든 되겠지.'라는 태도는 바람직하지 않다는 말씀이군요.

카네기　그렇습니다. 서로 노력하지 않으면 결혼을 통한 마스터 마인드 원리를 경험할 수 없습니다. 문제가 생긴 뒤에 해결책을 찾으려고 하는 것으로는 부족합니다.
부부가 정기적으로 마스터 마인드 시간을 갖는다면 성적 매력과는 또 다른 완전한 정서적 일치감을 느끼게 될 것입니다.

힐　성적 매력에 대해 말씀하셨는데요, 보통 섹스라고 말하는 것과 의미가 어떻게 다른지 구분해야 할 것 같습니다. 그리고 '인간의 자발적인 행동을 유도하는 아홉 가지 동기' 중에서 두 번째 요소로 섹스를 꼽으셨는데, 이 부분을 알기 쉽게 설명해 주시겠습니까?

카네기   섹스는 인간 본연의 욕구로 상상력과 의지력, 그리고 창조력을 자극합니다.

위대한 화가나 음악가, 극작가들은 그들의 작품을 통해 성적 에너지를 표현하고 예술적으로 승화시킨 경우가 많습니다. 큰 성공을 거둔 사업가 중에도 섹스를 삶의 에너지로 전환한 사례들이 적지 않습니다. 그런 관점에서 성적 욕구와 마스터 마인드의 연관 관계를 연구해 보는 것도 좋겠군요.

똑똑한 남자는 아내와 연합을 이룸으로써 자신의 가능성을 극대화합니다. 여성도 마찬가지입니다. 남편의 일을 지지하고 정신적으로 지원함으로써 원하는 것을 이룰 수 있습니다.

시대와 분야를 막론하고 위대한 사람들의 업적 뒤에는 항상 아름다운 로맨스가 있습니다. 한 남자의 성공은 한 여성의 따뜻한 애정 속에서, 뙤약볕에 열매가 여물 듯 싹이 터 자라납니다. 내면에서 우러나오는 사랑의 신호를 무시하면 가지고 있던 능력마저 사그라들 것입니다. 무한한 지성이 건네는 외침에 귀기울여 정중히 응하세요. 닫혀 있던 당신의 몸과 마음을 지혜의 세계로 이끌어 줄 것입니다. 이 모든 것이 인간에게 베푼 신의 은총입니다.

로맨스의 불꽃을 더욱 활활 태우세요. 로맨스는 마스터 마인드

뿐 아니라 부부 관계의 육체적·정신적인 면에서 값을 매길 수 없을 만큼 귀중한 요소입니다.

힐　말씀을 들으니 로맨스는 사랑뿐 아니라 직업적인 면에서도 추진력을 발휘한다는 생각이 듭니다.

카네기　사랑과 섹스의 결합은 엄청난 에너지를 분출합니다. 배우자와의 마스터 마인드 연합으로 성공한 사람들을 보면 배우자의 선택이 왜 그렇게 중요한지 알게 될 것입니다. 또한, 로맨스를 통한 아내와의 결합이 남자에게 필수적이라는 사실도 알 수 있습니다.

로맨스는 사랑과 섹스의 결합에서 생겨납니다. 열정, 추진력, 흥미, 상상력은 성공의 필수 조건입니다. 섹스와 사랑에서 생기는 에너지를 자신의 일로 능숙하게 전환하는 사람은 커다란 열정과 추진력을 얻게 됩니다. 로맨스는 사랑과 섹스가 뒤섞인 감정으로, 성적 욕구가 있다는 것은 육체가 건강하다는 뜻이기도 합니다. 성 에너지를 훌륭하게 전환하면 평범한 사람도 비범한 천재가 될 수 있습니다.

로맨스는 용기를 솟아나게 하고 목표를 명확하게 해줍니다. 또한 성공의 강력한 힘으로 전환되어 상상력을 자극하고 적극적이고 독창적인 사람으로 만들어줍니다.

배우려는 자세
|||||||||||||||||||||||||||||||||||

힐　　　기회의 효율적 활용을 위해 보통 사람들이 매일 실천하고 노력할 수 있는 방법에 관해 설명해 주시겠습니까?

카네기　　명확한 목표에 도달하기 위해 마스터 마인드 원리를 적극적으로 활용하면 다양하고 유익한 인간관계가 형성될 겁니다.

인생의 목표는 끊임없는 노력으로 이루어지므로 늘 타인과 좋은 관계를 만들고 유지하는 것이 중요합니다. 따라서 친구들이나 직장에서 매일 만나는 사람들을 잘 선택해야 합니다.

마스터 마인드 관계에서 결혼 다음으로 중요한 것이 직업상 같이 일하는 사람들과의 관계입니다. 우리는 직장에서 만나는 사람들의 습관, 신념, 가치관, 정치와 경제에 대한 관점, 심지어 사소한 부분까지 영향을 주고받습니다.

그러나 불행하게도 매일 만나는 사람 중 가장 솔직하다고 느낀 사람이 사실은 건전한 사고의 소유자가 아닐 때도 있습니다. 솔직함을 가장해 불평을 늘어놓는 사람도 많지요.

우리는 사람들과의 교제 속에서 언제나 좋은 영향과 도움을 주는 사람, 명확한 목표를 성취하기 위한 열정을 가진 사람을 발견할 수 있습니다. 만남을 통해 서로 도움이 되고, 베풀고 나누려고 하는 사람들끼리 우정을 쌓아야 합니다. 그런 사람이 아니라고 생각한다면 피하는 것이 지혜롭겠지요.

자신에게 도움이 되는 인격과 지식, 성품을 가진 사람들과 친밀한 연합을 추구하는 사람은 상대방에게서 자기보다 뛰어난 면모를 찾아냅니다.

진취적인 목표가 있는 사람은 자기보다 뛰어난 사람을 시기하는 대신, 그들이 가진 장점을 배우고 그들의 지식을 받아들이려고 노력합니다.

힐   어떻게 하면 그런 훈련을 효과적으로 할 수 있을까요?

카네기   소망의 크기는 그것을 자극하는 동기에 따라 달라집니다. 그러므로 경험과 지식을 나누며 협력할 때 최상의 동기가 생겨나지요.

동료들과 친밀하게 잘 어울리는 사람은, 화를 잘 내고 무례한 사람보다 배움의 기회가 훨씬 많습니다. 매일 부딪히는 동료들로부터 많은 것을 배우고 싶다면 "소금보다 꿀을 가진 사람이 파리를 더 잡는다."라는 옛말을 기억해야 합니다.

힐   인생의 목표를 세우려면 어떤 것들이 더 필요할까요?

카네기   인생의 목표를 찾고자 하는 사람은 항상 배우고자 하는 자세를 가져야 합니다. 배움에는 끝이 없습니다. 인생의 목표에 관련된 전문지식과 경험을 타인으로부터 끊임없이 배워야 합니다.

그런 의미에서 방대한 지식의 창고인 도서관을 이용하는 것도 좋은 방법입니다. 명확한 목표가 있는 사람은 자발적으로 목표와 관련된 책을 찾아 읽으며, 그것을 당연히 해야 할 일이라고 여깁니다.

다이어트에 식이 조절이 필요한 것처럼 독서에도 주의할 점이 있습니다. 만화나 성인 잡지를 뒤적이며 보내는 시간은 성공의 길로 나아가는 데 도움이 되지 않습니다. 손에 잡히는 대로 아무 책이나 읽는 것 역시 재미는 있을지언정 일과 관련해서는 아무런 도움이 되지 않습니다.

힐   책 읽기를 강조하셨는데요, 독서가 인생의 목표를 찾는 유일한 방법인가요?

카네기   꼭 그렇지는 않습니다. 매일 만나는 직장 동료 중에서 잘 선택한 사람과 대화하며 친분을 쌓는 과정에서도 많은 걸 배울 수 있지요.

같은 직종 종사자끼리 모임을 갖는 것도 좋은 배움의 기회가 될 수 있습니다. 이러한 만남을 통해 일과 교제의 양 측면에서 유익한 정보를 얻을 수 있습니다.

친화력이 있는 사람은 인생에서 성공할 확률이 높습니다. 그래서 교제가 중요합니다. 매일 새로운 사람을 사귀는 사람은 그 과정을 통해 생각지 못한 큰 이익을 얻을 수도 있습니다. 적극적으로 자신을 알리다 보면 상대방으로부터 자연스럽게 정보를 얻거나 때로는 도움의 손길도 받을 수 있으니까요.

Think
And
Grow
Rich

STEP
3

매력적인 성품을

계발하라

매력적인 성품을 100% 계발한 사람은
목소리 톤만으로 분노, 두려움, 호기심,
의심, 용기, 불안, 호의 등
모든 감정을 표현하는 게 가능합니다.
그리고 말하면서 목소리를 조절하는 훈련을 하지요.
다른 사람 앞에서 말하는 것에 능숙해지기 위해서는
꾸준한 연습이 필요합니다.

긍정적인 마음가짐

힐　　　성공의 세 번째 원리로 매력적인 성품을 말씀하셨는데요, 성공을 위해 특별히 더 강조하고 싶은 특징에는 어떤 것들이 있습니까?

카네기　　매력적인 성품의 특징은 무엇인지, 어떻게 하면 매력적인 성품을 계발할 수 있는지 구체적인 방법을 알려드리겠습니다. 하지만 실천하지 않는다면 의미가 없겠지요.

먼저 매력적인 성품의 가장 중요한 요소는 '긍정적인 마음가짐'입니다. 마음가짐은 우리 삶의 많은 부분에 영향을 미칩니다.

부정적인 마음가짐으로 생겨나는 문제에 관해 설명하는 것도 이해에 도움이 될 것 같네요. 부정적인 마음가짐이 실패의 전적인 원인은 아닐 수 있습니다. 하지만 의욕을 꺾고 자제력을 잃게 하며 상상력을 억누르고 타인과 협력하려는 의지마저 저해합니다. 이런 부정적인 감정은 자신뿐만이 아니라 주변 사람에게도 악영향을 줍니다.

힐   변호사나 의사와 같은 전문직 종사자의 경우에도 부정적인 자세가 영향을 미칠까요?

카네기   변호사가 불쾌한 기분으로 법정에 선다면, 승소가 확실한 재판에서조차 판사와 배심원들로부터 적대감을 느끼게 되겠지요.

아무리 경험이 많은 의사라 해도 환자를 대하는 태도가 부정적이라면 환자에게는 얻는 것보다 잃는 게 더 많을 겁니다. 의사가 환자에 대해 가져야 할 배려를 기대할 수 없을 테니까요.

문화 수준이나 사회적 지위가 아무리 높다 해도 부정적인 태도가 몸에 밴 사람은 실패한 인생을 살고 있다고 할 수 있습니다. 따라서 부정적인 마음가짐을 결코 가볍게 여기거나 관대하게 다루어서는 안 됩니다.

한 해에 추가 보너스만 100만 달러를 받은 찰리 슈왑을 예로 들어보겠습니다. 그의 성격을 자세히 분석하면 저의 동료들이 왜 모두 부자가 되었는지 알 수 있습니다.

처음 슈왑을 만났을 때, 그는 학력도 재능도 특출한 것이 없는 평범한 노동자였습니다. 하지만 그가 가진 하나의 중요한 자산이 그를 성공으로 이끌었지요. 그것은 자기 자신과 자기 주변 사람들에 대한 마음가짐이었습니다.

그는 어디에서 어떻게 그런 태도를 배울 수 있었을까요? 물론 태어날 때부터 다른 사람보다 유리한 환경이 주어진 사람도 있겠지요. 하지만 그의 경우는 긍정적인 마음가짐을 매일 실천하려고 노력하는 사람들과 어울리며 그러한 습관을 익힐 수 있었습니다.

힐　　성공을 꿈꾸는 사람들은 카네기 씨가 언급한 원칙 중에서 '어떻게'와 '왜'라는 질문의 답을 가장 궁금해합니다. 평범한 사람들이 그런 마음가짐을 얻으려면 어떻게 해야 할지 알려주십시오.

카네기　　간단히 말하자면 매력적인 성품의 요소들을 이해하고 적용하면 긍정적 마음가짐으로 발전시킬 수 있습니다. 따라서 이 성품의 요소들을 하나씩 분석해 나가면 그 질문에 대한 답이 완성되겠지요.

융통성

힐   앞으로 더욱 귀담아들어야겠습니다. 그렇다면 두 번째로 중요한 요소는 무엇입니까?

카네기   빠르게 변화하는 환경이나 위기 상황에서 균형감을 잃지 않고 적응하는 '융통성'입니다. 자신의 몸 색깔을 주변 환경에 맞추어 바꾸는 카멜레온처럼 융통성 있는 성질을 가져야 합니다. 융통성이 없으면 매력적인 성품을 지니고 있어도 그것이 발휘되지 못하니까요.
자기 불행을 남 탓으로 돌리는 어리석은 사람들이 있지만, 사람이 처한 현실은 자신의 인격이 만든 것입니다.

힐   운이나 연줄로 지위가 결정된다고 믿는 사람들에게는 참으로 놀라운 이야기가 아닐 수 없군요.

카네기   가끔은 이런 생각을 합니다. 다른 사람에게 호감을 주는 매력적인 성품을 기르는 법을 학교에서 필수과목으로 가르치면 어떨까 하고 말이지요. 지식이 아무리 많다고 해도 남과 화합하는 법을 모르면 성공하기 어려우므로 되도록 어릴 때부터 익혀두는 게 좋다고 생각합니다.

진정성

카네기　다음으로 중요한 성품은 '진정성'입니다. 이것은 다른 덕목으로 대체할 수 없으며, 다른 성품들보다 더 깊이 인간 내면의 본질에 닿아 있습니다. 한 사람이 얼마나 진실한지는 말과 행동으로 드러나기 때문에 성격을 잘 파악하지 못하는 사람이더라도 쉽게 구분할 수 있습니다. 사람을 속이는 재주가 뛰어나다 해도 그의 말과 표정, 친구 관계, 직장에서의 대우 등을 보면 불성실한 면이 드러나지요.

윗사람의 명령이라면 무조건 "예!"만 하는 예스맨들은 주변의 비웃음을 살 수밖에 없습니다. 찰리 슈왑이 제 의견에 처음으로 반대하던 때가 생각납니다. 그가 회사에 들어온 지 얼마 안됐을 때, 그를 불러 제 생각대로 몇 가지 업무를 지시한 적이 있었습니다. 제 말을 끝까지 들은 슈왑이 미소 지으며 제 눈을 보고 거리낌 없이 말하더군요.

"시키는 대로 하겠습니다. 하지만 자세히 분석해 보면 비용 손실이 따를 것입니다."

언짢은 기분이 들었지만 일단 지시를 보류했습니다. 그런 뒤 면밀히 조사한 결과, 그의 말이 옳다는 것을 알게 되었지요. 그 이후 슈왑을 지켜보니 제게 꼭 필요한 지질과 성품을 가진 사람이었습니다.

슈왑이 저와 함께 일할 수 있었던 건 사실을 왜곡하지 않는 진정성이 있었기 때문이라는 점을 아시겠지요.

신속하고 정확한 판단력

힐 진정성이라는 단어가 울림을 주는 것 같습니다. 그렇다면 네 번째 성품은 무엇입니까?

카네기 '신속하고 정확한 판단력'입니다. 어떤 일에서든 꾸물거리며 결정이 미루는 사람은 좋은 평판을 받을 수 없고 성공하기도 쉽지 않습니다. 급변하는 세상 속에서 재빠르게 움직이지 않으면 뒤처질 수밖에 없지요.

신속한 판단력은 일종의 습관으로 마음가짐과 밀접한 관련이 있습니다. 또한 성공의 원칙인 명확한 목표와도 연관되어 있습니다.

성공의 기회는 무수하지만, 아무에게나 찾아오는 건 아닙니다. 기회가 찾아왔을 때 신속히 포착할 수 있는 판단력을 가진 사람만이 앞서 나갑니다. 이것이 세상이 돌아가는 이치입니다.

친절

힐 카네기 씨, 친절은 노력하지 않고도 쉽게 얻을 수 있다고 말했는데, 친절에 내해 어떻게 생각하시나요?

카네기 그렇지 않아도 다섯 번째 성품인 '친절', 즉 남을 배려하는 마음에 관해 이야기하려던 참이었습니다. 친절은 매력적인 성품의 필수 요소입니다.
친절이란 상대방의 기분을 존중하고, 불행한 사람을 보면 돕고자 애쓰며 이기심을 극복하려는 마음가짐입니다. 남을 배려하는 친절함은 우리의 마음가짐에 직접 연결되어 있다는 사실을 잊어서는 안 됩니다.

목소리 톤

힐 매력적인 성품의 다음 요소는 무엇인가요?

카네기 '목소리 톤'입니다. 보통의 톤으로 이야기하다 도중 어떤 구간에 힘을 주어 말하면 받아들여지는 의미에 변화가 일어납니다. 어조를 지혜롭게 조절하며 말하는 것은 매우 효과적입니다. 목소리를 통해 자신이 전하고 싶은 의도를 더욱 잘 표현할 수 있으니까요.

매력적인 성품을 100% 계발한 사람은 목소리 톤만으로 분노, 두려움, 호기심, 의심, 용기, 불안, 호의 등 모든 감정을 표현하는 게 가능합니다. 그리고 말하면서 목소리를 조절하는 훈련을 하지요. 다른 사람 앞에서 말하는 것에 능숙해지기 위해서는 꾸준한 연습이 필요합니다.

매력적인 성품을 계발하려는 사람은 이런 훈련을 통해 자신의 목소리를 통제할 줄 알아야 합니다. 그래야 자신의 감정을 다른 이에게 전달할 수 있습니다.

목소리 톤을 변화시킬 수 있도록 도와줄 사람이 주변에 없다면, 만족스러울 때까지 거울 앞에서 연습하는 것도 좋은 방법입니다.

미소

카네기 목소리와 떼려야 뗄 수 없는 것이 있는데, 바로 '미소 짓는 습관'입니다. 사소한 습관이라고 치부하면 안 됩니다. 습관적인 미소는 성품과 마음가짐에 직결되는 중요한 덕목이라는 걸 기억하세요. 못 믿겠다면 화가 날 때 웃어보십시오. 결코 쉽지 않을 겁니다. 거울을 보며 목소리 톤과 함께 미소 짓는 연습을 해보세요.

표정

힐   목소리와 미소가 얼마나 중요한지 잘 알 것 같습니다. 그럼 매력적인 성품의 다음 요소는 무엇인가요?

카네기   '표정'입니다. 캐릭터 분석가들은 사람의 얼굴을 보면 그 사람의 성격을 알 수 있다고 하지요. 그건 사실이지만, 캐릭터 분석가들만 그것이 가능한 것은 아닙니다. 의식하지 못하는 사이에 우리도 그런 능력을 발휘하고 있습니다.

유능한 영업사원들은 고객의 표정을 관찰해서 그들의 생각을 짚어낸다고 합니다. 그렇지 않았다면 최고가 되지 못했겠지요. 심지어 목소리의 톤으로도 상대방의 기분을 알아챌 수 있다고 합니다. 그런 의미에서 미소, 목소리, 표정은 마음을 들여다보게 하는 창문과도 같습니다.

지혜로운 사람이라면 그 창문을 언제 여닫아야 하는지 잘 알아야겠지요.

재치
||||||||||||

힐　　카네기 씨의 이야기를 흥미롭게 듣다 보니 다음에 나올 성품이 몇 번째인지 잊어버렸네요.

카네기　　제 이야기가 재미있다니 다행이군요. 다음은 아홉 번째 성품으로 '재치'입니다.

모든 일에는 때가 있습니다. 재치는 적당한 때에 적절하게 하는 행동이나 말을 가리킵니다. 재치가 없는 행동의 예를 들어 볼 텐데요, 참고하면 실생활에 큰 도움이 될 겁니다.

재치 없는 행동들

- 듣는 사람이 불쾌할 만큼 시끄럽게 이야기하기
- 침묵이 필요한 순간에 경솔하게 한마디 하기
- 다른 사람이 말하는 도중에 끼어들기
- 남들에게 자신이 대단한 사람인 양 과시하기
- 대화 중 개인적인 질문을 던져 당황시키기
- 초대받지 않은 자리에 참석하기
- 자기가 한 일 자랑하기
- 모임에서 쓸데없는 자랑 늘어놓기
- 공적인 자리에서 사적인 전화 걸기

- 쓸데없는 전화 통화로 사람 기다리게 하기
- 공감 가지 않는 주제를 두고 상대방에게 견해 강요하기
- 남의 의견에 공개적으로 의문 제기하기
- 거만한 태도로 남의 부탁 거절하기
- 친구들 앞에서 타인 험담하기
- 의견이 다른 상대방 비난하기
- 상대방의 신체적 약점에 대해 말하기
- 사람들 앞에서 부하 직원이나 동료를 꾸짖고 야단치기
- 요구를 거절당했을 때 불평하기
- 우정을 이용하여 청탁하기
- 비속어 사용하기
- 싫어하는 것에 관해 거리낌 없이 말하기
- 남의 불행과 불운에 대해 말하기
- 정치나 종교 비방하기
- 모든 사람과 지나치게 친밀한 태도

힐 그중 한 가지 항목도 해당하지 않는다고 자신 있게 말할 사람은 없을 것 같습니다. 상대방을 배려한다면 먼저 언행을 조심해야겠습니다.

관용

카네기   열 번째 성품은 '관용'입니다. 관용은 편견 없는 열린 마음을 의미합니다. 관대한 사람은 새로운 사실이나 지식, 관점에 대해 늘 열린 자세를 가집니다. 이 정의에 비추어보면 대다수의 사람이 관대하지 못한 쪽으로 분류되지 않을까 싶습니다. 관용에 대해 알아보기 전에 먼저 관용이 마음가짐과 어떻게 관련되는지 살펴봐야 합니다. 모든 인간관계는 마음에서 시작되므로 모든 성품 역시 마음가짐과 연관되어 있습니다.

편협한 사고로 생기는 불이익

- 친구가 될 수 있는 사람을 적으로 만든다.
- 배움의 한계를 정함으로써 성장할 기회를 잃어버린다.
- 상상력을 저해한다.
- 자제력을 방해한다.
- 이성적 사고의 정확성을 떨어뜨린다.

솔직한 태도

카네기   열한 번째 성품은 '솔직한 태도'입니다. 솔직하지 못하고 모호한 태도로 대하는 사람을 신뢰하기는 어렵겠지요. 무슨 일에서든 명확하게 대답하지 않는 사람들이 있는데, 이런 사람에게는 책임이 따르는 일을 믿고 맡길 수 없습니다.

거짓말을 한 건 아니지만 상사가 알아야 할 사실을 고의로 알리지 않아 결과적으로 거짓말을 한 것과 다름없는 상황을 만드는 경우도 있습니다. 이런 행동이 습관이 되면 원래 갖고 있던 건전한 성격까지 나쁜 영향을 받게 됩니다.

건강한 성품을 가진 사람은 설령 불이익이 돌아오더라도 다른 사람 앞에서 솔직하게 말하고 행동할 수 있는 용기가 있습니다. 불명확한 태도로 남을 속이고 얼버무리려는 사람들은 자신감이 결여된 경우가 많습니다.

유머 감각

힐　누구나 솔직한 태도를 가진 사람을 좋아하지요. 그런 태도는 누구에게나 호감을 줍니다. 그런 의미에서 남을 속여서 가장 큰 피해를 보는 사람은 바로 자기 자신인 셈입니다. 열두 번째의 성품은 무엇입니까?

카네기　'유머 감각'입니다. 유머 감각은 삶의 긴장을 풀어주고 환경에 융통성 있게 적응하도록 도와줍니다. 또한 인생 문제에 대해 지나치게 심각해지지 않게 해주지요.

쉬는 시간조차 마음껏 소리 내어 웃지 못하는 사람들을 보면 안쓰럽습니다. 웃음은 정신 건강에 가장 좋은 약인데, 그것을 스스로 마다하는 셈이니까요.

사람들은 스트레스를 해소하기 위해 공연장이나 극장을 찾습니다. 자주 웃으면 얼굴선이 부드러워지고 더 보기 좋은 외모가 됩니다. 이렇듯 유머 감각은 미소 짓는 습관과도 통하며, 긍정적인 마음가짐에도 좋은 영향을 줍니다.

무한한 지성에 대한 믿음

힐　　매력적인 성품은 가장 가치 있는 자산임이 틀림없군요. 카네기 씨의 말씀대로 매력적인 성품은 자신의 약점을 보완해 줄 뿐 아니라 협상을 할 때도 유리할 것 같습니다.

그렇다면 다음 요소는 무엇입니까?

카네기　　매력적인 성품을 구성하는 특성 중 가장 심오한 요소인 '무한한 지성에 대한 믿음'입니다.

믿음은 성공철학의 모든 원리를 관통하는 요소입니다. 성공의 핵심에는 무형의 힘이 존재하지요. 그래서 이 주제의 분석에 대해서는 가볍게 넘길 수 없는 책임이 있습니다. 지성의 힘을 다루지 않고 성공을 말하는 것은 별에 관해 말하지 않고 천문학을 가르치려는 것과 같으니까요.

여기서 말하는 믿음은 초자연적인 존재를 뜻하는 게 아닙니다. 목표를 달성하기 위해 마음을 다스리고자 하는 사람들에게 꼭 필요한 힘입니다.

개인의 성공을 다루는 철학이 신앙의 힘에 대해 무지하다면 결코 완전할 수 없습니다. 믿음은 우리의 독창성, 상상력, 열정, 독립심, 목표의 명확성을 잘 드러낼 수 있는 최상의 마음 상태이기 때문입니다. 우리는 믿음의 도움 없이는 평범함을 극복할 수 없습니다. 믿음을 소홀히 하는 것은 복잡한 기계장치를 전기의 힘 없이 작동하려는 것과 같습니다.

힐   그 말씀은 인간의 두뇌가 목적을 위해 만들어진 정교한 기계와 같다는 말씀입니까?

카네기   인간을 움직이게 하는 에너지는 외부에서 옵니다. 믿음은 인간에게 영향력을 발휘하는 절대적인 힘에 빠르고 완벽하게 접근시켜 주는 문의 역할을 합니다.

지금까지 그 문을 여는 방법을 발견한 사람은 없었습니다. 저마다의 욕구와 동기에 따라 문을 여는 방법은 다릅니다. 오직 타오르는 열망으로 그 문을 활짝 열 수 있습니다.

타오르는 열망은 깊은 내면의 감정에서 나옵니다. 하지만 생각만으로는 부족하기에 믿음의 힘이 필요합니다.

힐   믿음을 통해 어떤 실질적 이익을 얻을 수 있는지 설명해 주시겠습니까?

카네기   믿음은 인간의 한계를 초월하게 해줍니다. 등불을 켜 어둠을 물리치는 것처럼 믿음은 우리 마음의 문을 활짝 열어 새로운 현실의 비전을 받아들이게 하고 편협함에서 벗어나게 합니다.

둘째로, 믿음은 세상과 사람들을 더욱 폭넓은 자세로 받아들일 수 있게 해줍니다. 이러한 포용성은 모든 인간관계에서 이해의 폭을 넓혀주며, 매력적인 성품의 특징을 갖고 유지하는 데도 도움을 줍니다.

믿음의 힘을 이용하는 사람들의 세 번째 이점은 열린 마음이 지속적인 힘을 제공하기 때문에 성공에 방해가 되는 장애물을 극복할 수 있다는 것입니다. '믿음을 따르는 사람은 길을 잃지 않는다.'라는 말은 그런 의미에서 진리입니다.

또한, 믿음은 무한한 것이어서 얼마든지 사용해도 부족하지 않

다는 것이 큰 장점입니다. 많이 썼다고 벌금을 내라는 사람도
없으니 완전히 사유놈지요. 아마도 인간이 이 힘을 마음껏 사
용할 수 있게 하려는 창조주의 뜻이 아닌가 싶습니다.
그리고 우리가 언제 어느 때든 쉽게 다가갈 수 있는 곳에 마련
해 두셨기 때문에 욕구와 동기라는 매개체를 통해 언제나 자발
적으로 사용할 수 있습니다.

정의감

힐   매력적인 성품을 형성하는 요소에는 또 어떤 것이 있
는지 말씀해 주십시오.

카네기   '정의감'입니다. 정의롭지 않은 사람은 매력적일 수
없고, 주변 사람들로부터 나쁜 평판을 사게 됩니다. 고루하게
들리겠지만 반드시 다루고 넘어가야 할 문제입니다.

힐   카네기 씨가 말하는 정의감의 뜻을 알면 이해하기가
쉬울 것 같습니다.

카네기   저는 정의감에 대해 '의도적인 정직성'이라고 표현하

고자 합니다. 정직하게 했을 때 자신에게 돌아오는 이익이 있는지 아닌지에 따라 행동을 달리하는 사람이 있습니다. 제가 말하는 정직함은 상황에 따라 바뀌기도 하는 그런 것이 아닙니다. 자신의 이익과는 아무런 상관이 없다 해도 한결같이 행동하는 순수한 정직함을 말합니다.

정의감은 자신감을 높여주고, 진실하고 건전한 성격을 더욱 단련시켜 주며, 독립심과 자긍심을 갖게 합니다. 또한, 인간관계에서 이해심을 넓게 해주어 사람을 사귀는 데도 도움이 됩니다. 타인과의 소모적인 갈등이 줄어들어 인생의 중요한 목표를 위해 더욱 창조적으로 매진할 수 있게 해줍니다.

정의감은 인격 계발의 의미뿐 아니라, 대인관계에서 욕심과 이기심을 앞세우지 않고 자기 일에 집중할 수 있는 귀중한 능력입니다. 탐욕과 이기주의에서 벗어나게 해주며, 자신의 의무를 잘 수행할 수 있도록 해줍니다. 그리고 다른 좋은 성품들을 더욱 강하게 북돋는 역할도 합니다.

적절한 어휘의 사용

힐   매력적인 성품의 열다섯 번째 요소를 알려주시겠습니까?

카네기 '적절한 어휘의 사용'입니다.

경솔한 말을 하면 듣는 이들에게 나쁜 인상을 줍니다. 일상적인 대화에서 가끔 비속어를 쓰기도 하지만, 그 역시 되도록 줄이는 것이 좋겠지요.

상대방의 기분을 거스르면서까지 굳이 좋지 않은 말을 써야 할 필요가 있을까요? 더욱이 상스러운 속어를 쓰는 것은 절대 금지입니다.

제가 아는 어떤 사람은 어휘력이 아주 풍부한데, 알고 보니 하루에 30분을 사전을 읽는 데 쓴다고 해요. 실제로 그는 어마어마하게 많은 어휘를 알고 있는 데다가, 부적절한 단어를 사용하는 일이 없습니다. 언제나 때와 장소에 걸맞은 정확한 어휘와 표현으로 말하는 걸 보며 놀라고는 합니다.

힐 제 말을 듣고 다른 사람이 저의 인격을 판단한다니, 무심코 내뱉은 말이 저의 인격이 되는 셈이네요.

카네기 말은 사람이 자기 생각을 표현하는 방법이므로 이야기를 나누어보면 그가 어떤 사람인지 알 수 있습니다. 우리가 말을 할 때 늘 염두에 두고 실천해야 하는 것이 두 가지 있는데, 하나는 목소리 톤에 유의하는 것, 그리고 또 하나는 사용할 어휘를 신중히 고르는 것입니다.

의사 표현을 위해 언어를 사용하는 것은 인간의 대표적인 특징입니다. 우리가 언어로 우리의 생각과 느낌을 자유롭게 표현할 수 있는 것은 신이 인간에게 준 선물과도 같습니다.

인류가 지식과 역사를 공유할 수 있는 것도 언어가 있기에 가능한 것이지요. 언어가 없었다면 우리가 마스터 마인드를 공유하는 일도 어려웠을 것이고, 앞선 시대의 인류가 쌓은 지식의 혜택도 받지 못했을 겁니다.

감정의 조절

힐   매력적인 성품의 열여섯 번째 요소를 말씀해 주시겠습니까?

카네기   '감정의 조절'입니다.

감정을 연구하는 학자들은 감정이 인간의 행동을 지배한다고 합니다. 매우 일리 있는 주장입니다. 대부분의 사람이 이성보다 감정의 지배를 더 많이 받으니까요. 우리는 비슷한 여건에서도 그 당시 느끼는 감정에 따라 아주 다른 행동을 할 때가 있습니다. 그래서 감정을 '느낌'이라는 다른 말로 표현하기도 하지요. 느낌은 우리의 행동에 크게 영향을 미치므로 무척 중요합니다.

우리는 성공으로 이끄는 요인들을 더욱 강화하고, 반대로 저해하는 요소는 과감히 버려야 합니다. 이것을 가능하게 하는 것이 감정입니다. 따라서 자기감정을 통제할 수 있어야 합니다. 감정을 통제할 수 있다면 실패와 불행 따위는 걱정하지 않아도 될 겁니다.

힐   감정을 잘 다스리려면 어떻게 해야 할까요?

카네기   먼저 저명한 심리학자가 제시한 대표적인 긍정적 감정과 부정적 감정의 일곱 가지 예를 살펴보면서 감정에 대해 알아봅시다.

긍정적 감정	부정적 감정
1. 사랑	1. 두려움
2. 섹스	2. 질투
3. 희망	3. 증오
4. 신념	4. 복수심
5. 열정	5. 탐욕
6. 충성	6. 분노
7. 욕구	7. 미신

위의 총 열네 가지 감정 중에서 어떤 것이 성공의 요인이고, 또 실패의 요인인지 쉽게 알 수 있을 겁니다. 이런 감정들을 악기라고 한다면 조화로운 화음을 만들면 행복해지고, 불협화음을 만들면 불행해지겠지요.

이 감정들은 마음가짐으로 이어집니다. 이 감정들을 활용하여 건강한 마음가짐을 갖는 것이 중요하다는 것은 더 말할 나위가 없지요. 마음가짐으로 연결되지 않으면 그 감정은 단순한 느낌에 그칩니다. 감정을 통제하는 것은 생각보다 어렵지 않습니다. 감정을 다스린다는 것은 영혼을 더 아름다운 화음으로 노래하는 것과 같습니다.

힐 창조주께서 거대한 인생 교향곡 악보를 주신 것과 같군요.

카네기 맞습니다. 우리에게 감정을 다스릴 힘을 수셨으니까요. 우리가 해야 할 일은 감정을 다스릴 수 있도록 훈련하는 것입니다. 감정에 무기력하게 휩쓸리며 사는 건 자기 삶을 방치하는 것과 다름없습니다.

먼저 명확한 목표를 가진 사람만이 자신의 감정을 다스릴 수 있다는 사실을 기억하세요. 거듭 말씀드리지만 명확한 목표는 모든 성공의 출발점입니다. 또한 성공과 실패는 긍정적·부정적 감정과 연관이 있습니다. 부정적 감정은 실패를 알리는 신호외도 같습니다. 긍성석 감정은 성공을 쌓아가는 버팀목이 되는 것이고요.

그날그날의 감정을 기록할 수 있는 표를 만들어 매일 실천한다면 그 결과에 놀라게 될 겁니다. 자신이 변화하기 시작하면 곧 주변 사람들도 알게 되지요. 인생에서 무언가 배우고자 하는 의지를 가진 사람은 자신의 한계를 극복할 수 있는 긍정적인 힘을 갖게 됩니다.

끊임없는 관심

힐   열여섯 번째 요소까지 살펴보았습니다. 그다음은 무엇입니까?

카네기   사람, 장소, 사물 등 모든 것에 대한 '끊임없는 관심'입니다. 무엇에도 무관심하고 시큰둥한 사람이 매력적으로 보일 수 있을까요? 관심을 받고 싶은 사람에게 관심을 주는 것보다 더한 배려는 없겠지요. 대화를 잘한다는 건 말을 잘하기보다 남의 말을 잘 들어주는 것이라고도 하지 않습니까?

사물에 관심이 많으면 다른 사람을 기분 좋게 할 뿐만 아니라 자신에게 필요한 정보와 지식도 쉽게 얻을 수 있습니다.

대화하는 도중 상대방에게 관심을 집중하지 않고, 시선을 돌리거나 물건을 만지작거리는 건 매우 몰지각한 행동입니다. 이야기를 끊고 끼어드는 것도 상대방을 모욕하는 것과 같지요.

힐   이야기의 흐름을 귀담아듣지 않거나 자세한 설명을 건너뛰는 경우도 마찬가지일까요?

카네기   물론입니다. 이런 사소한 실수로 큰 대가를 치르는 사람들이 있는데, 상대방에 관해 알고자 하는 마음을 조금만 더 가진다면 충분히 해결할 수 있는 일입니다.

저는 젊은이들에게 연인을 대하듯 직장 동료나 친구들에게도 관심을 가져보라고 말합니다. 당장 대우가 달라질 겁니다. 어쩌면 월급봉투가 두툼해질지도 모르지요.

타인에 대한 관심은 상대방을 기쁘게 할 뿐만 아니라 반복되는 일상 속에서 자신을 돌아보는 좋은 기회가 되기도 합니다. 사람들은 타인의 좋은 면과 나쁜 면을 통해 귀한 교훈을 얻을 수 있으니까요.

힐   관심을 기울이고 관찰하려면 기억력이 좋아야 할 것 같습니다.

카네기   기억력이 좋다는 것도 관심을 기울인 결과일 수 있지요. 평소 사람들을 만날 때 관심을 집중해서 세심하게 관찰해 보세요. 여러 번 만났음에도 상대방이 기억을 못 해 매번 자기소개를 해야 한다면 무척 번거롭고 난감할 테지요.

의외로 그런 사람들이 아주 많습니다. 심지어 어떤 분야에서 알려진 저명인사를 기억하지 못해 그가 자기소개를 하게 만든다면 경우에 어긋나는 일이 될 수도 있지요. 상대방이 누구든 관심을 가지고 기억하는 것만으로 호감을 얻는다면 이처럼 가치 있는 일이 또 있을까요?

뉴욕의 한 호텔에는 재방문하는 고객만을 응대하는 전담 직원이 있습니다. 전담 직원이 호텔을 다시 찾은 고객을 기억하여 이름을 부르며 인사를 건네는 것만으로도 고객은 특별한 대접을 받는 느낌이 들게 되지요. 호텔의 관리자는 전담 직원의 서비스가 회사에 크게 기여하고 있다고 했습니다. 그래서 그 직원은 관심의 표현이라는 특별한 서비스를 수행하는 대가로 다른 직원들보다 세 배나 높은 급료를 받는다고 합니다.

타인에 대해 관심이 없다는 것은 이기적이라는 말의 또 다른 표현입니다.

인상적인 말투, 효과적인 말하기

힐 　　카네기 씨의 재미있는 이야기를 들으니 저도 유쾌한 사람이 되는 것 같습니다. 매력적인 성품의 열여덟 번째 요소는 무엇입니까?

카네기 　'인상적인 말투, 효과적인 말하기'입니다.
확신과 자신감을 가지고 말하지 않으면 듣는 사람을 매료시킬 수 없습니다. 일상적인 대화에서나 업무상의 회의에서도 자기 의견을 효과적으로 표현하지 못하면 상대방을 설득하기 어렵지요.
어떤 상황에서도 말로써 자기 생각을 적극적이고 효과적으로 표현할 수 있다면 그는 이미 성공에 가까이 이른 것과 같습니다. 그래서 사람들은 말하기 능력을 키우기 위해 많은 노력을 하지요.
인류 역사를 보면 인간의 적극적인 자기표현이 문명을 발전시켰다고도 말할 수 있습니다. 자기 분야에서 최고의 성공을 거둔 사람들은 대부분 자신의 능력을 적극적으로 잘 표현한 사람들입니다. 말하기 기술은 한 사람 혹은 다수의 군중 앞에서 말로써 상대방에게 영향을 미치는 수사학과 관련되어 있습니다.

힐　　효과적으로 말하기 위해 갖춰야 할 것이 있다면 어떤 것들이 있을까요?

카네기　　가장 중요한 것은 자신이 말하는 주제에 관해 완벽한 지식을 갖는 것입니다. 누구든 자신이 잘 아는 분야에 대해서는 자신 있고 적극적으로 이야기할 수 있으니까요.
"할 말을 다 했으면 앉아라."라는 옛말이 있습니다. 듣는 사람이 더 듣고 싶지 않다고 느끼는 때가 바로 말을 멈출 때입니다. 1초도 더 해서는 안 되지요. 상대방이 길다고 느끼는 지루한 이야기는 빨리 끝낼수록 좋습니다.

힐　　적극적이라는 단어를 여러 번 사용하시면서 효과적인 말하기에 관해 말씀하셨습니다. 어떻게 하면 효과적으로 말할 수 있을까요?

카네기　　말을 잘하는 것 역시 습관입니다. 따라서 일상적인 대화를 나눌 때도 설득력 있게 말하려는 노력이 필요하지요. 위대한 연설가들은 일상 대화에서도 연설 기법을 사용합니다. 그리고 그들은 상대방에게 영향을 끼치지 못할 말은 전혀 하지 않습니다. 여러분도 만나는 사람 모두에게 훈련해 보세요. 매일 연습하다 보면 어느새 효과적으로 말하는 때가 올 겁니다.

한번은 저명인사들이 위대한 명작을 낭독하는 걸 들은 적이 있는데, 참 무미건조하고 아무런 감흥도 느껴지지 않더군요. 아마도 청중들의 마음에 맞춘 것이 아니라서 그랬겠지요.

사람들은 매일 당면하는 문제의 해결 방법, 생존 경쟁 비법, 인생을 즐기는 방법 같은 이야기를 좋아합니다. 또 어떤 주제를 놓고 열띤 토론을 벌이는 걸 즐기지요. 이럴 때 구체적인 사례를 들거나 흥미진진한 토론이 진행된다면 더 몰입하게 됩니다.

대부분의 사람은 잘 모르는 말이 나오면 그 말이 맞든 틀리든 불쾌감을 느낍니다. 말을 잘하는 사람들은 결코 어렵게 말하지 않습니다. 듣는 사람이 알 수 있는 범위에서 이해하기 쉬운 어휘로 말하는 게 가장 효과적이라는 사실을 기억하세요.

힐 간혹 연설자가 청중에게 강한 인상을 주기 위해 단상은 쾅쾅 내려치기도 하는데, 이런 동작에 대해서는 어떻게 생각하십니까?

카네기 연설 도중 제스처를 사용한다면 그 내용과 조화를 이루어야 효과적입니다. 머리를 매만지거나 손을 주머니에 집어넣는 행동, 시곗줄을 만지작거리는 행동 등은 듣는 사람의 집중을 깨는 움직임이므로 해서는 안 됩니다. 구부정한 자세도 좋지 않고요. 그런 행동들이 자연스럽게 보일 수도 있지만, 상대방을 설득하는 데는 효과적이지 않습니다.

매력 있는 '성품의 요소로 말씀드린 목소리의 톤은 효과적인 연설에서도 중요합니다. 거칠고 높은 목소리는 귀에 거슬리지만, 적당한 저음의 맑은 목소리는 듣는 사람의 기분을 편안하게 합니다. 탁한 목소리는 조율이 안 된 악기처럼 불쾌하게 들립니다. 평상시에 말을 할 때도 목소리 톤에 신경 써야 합니다. 잘 훈련된 목소리는 말하는 사람의 희로애락까지 느껴집니다. 효과적으로 말하려면 감정 없는 말과 듣는 이에게 영향을 주는 말을 구분할 수 있어야 합니다. 그런 의미에서 말투는 감정을 전달하는 도구인 셈이지요.

효과적인 연설에서는 전달하려는 감정과 표정이 맞아떨어져야 합니다. 우리가 대화를 나누면서 내용에 따라 웃기도 하고 찌푸리기도 하는 것처럼요.

힐   청중에게 말하는 사람의 기분이나 감정을 효과적으로 전달하려면 어떻게 해야 할까요?

카네기   열정을 담아 말해야 합니다. 열정은 화자의 생각을 투영시키는 중요한 감정이지요.

열정적으로 말하는 사람에게 마음을 닫아둘 수는 없습니다. 단어 하나하나에 힘을 주며 열변을 토하는 사람의 연설을 듣고도 무덤덤하기란 쉽지 않으니까요. 열정은 화자에게서 청중으로 전염되고야 맙니다.

열정은 청중에게 자신의 진실한 목표를 전하려고 애쓰는 화자의 신념에서 출발합니다. 거짓되고 꾸며진 열의는 청중의 분노를 살 뿐입니다. 목소리만 클 뿐 전하려는 내용이 공허하면 아무리 화려한 미사여구를 쓴다 해도 소용이 없지요.

힐　　훌륭한 연설은 무엇이라고 생각하십니까?

카네기　　가장 간결하고 적극적이며 비장한 연설은 '당신을 사랑합니다.'입니다. 이 말보다 효과적인 말을 아직 듣지 못했습니다.

하고자 하는 말에 확신이 있으면 연설에 감정을 담는 것이 그리 어려운 일만은 아닙니다. 진실한 감정을 실어 말하는 사람을 세상은 매력적인 사람으로 인정해 줄 겁니다.

인간에 대한 순수한 사랑

카네기　　열아홉 번째 요소는 '인간에 대한 순수한 사랑'입니다. 개를 키워보셨나요? 개는 자기에게 호의적인 사람과 그렇지 않은 사람을 귀신같이 구분해 내지요. 그런데 사람도 마찬가지입니다. 서로 몇 마디만 나누어 보아도 그 사람이 어떤 사람인지 파악이 되지요. 타인을 혐오하는 사람은 피하게 되고, 친절하고 호의적인 사람은 누구나 친해지고 싶어 합니다.

사람은 드러나는 태도로 좋거나 싫은 감정을 표현해서 타인의 행동에 대처합니다. 타인에게 호의적이지 않은 사람은 아무리 숨기고자 해도 말이나 행동, 태도를 통해 그 감정이 드러납니다. 그러므로 매력적인 성품을 갖고자 하는 사람은 겉으로 드러나는 행동뿐 아니라 마음속 생각까지도 밝게 유지해야 합니다.

힐 흔히 욱한다고 표현하지요. 성마른 기질에 대해서는 어떻게 보십니까?

카네기 그것은 자신의 감정을 잘 통제하지 못한다는 것인데, 감정의 통제는 성공의 중요한 요소 중 하나이기 때문에 그러한 기질은 결코 좋게 볼 수 없습니다. 통제되지 않은 그런 감정은 독설을 자제하지 못하는 폐해로 이어집니다. 날카로운 칼날처럼 타인에게 상처를 입히지요. 배려가 없는 이런 사람에게 호감을 느끼는 사람은 없을 겁니다.

사람들은 수많은 말을 아무런 생각 없이 내뱉곤 합니다. 평소 함부로 말하는 사람은 생각 없이 내뱉은 말로 인해 반드시 후회

하게 됩니다. 누구도 그런 사람을 매력적이라고 하지 않지요.

힐 쉽게 실의에 빠지거나 실패를 운명 탓으로 여기는 사람에 대해서는 어떻게 생각하십니까?

카네기 성공을 포기한 사람에게 관심을 가질 사람은 없습니다. 비록 실수는 했지만 목표를 다시 명확히 하고 희망의 힘으로 일어서려는 사람에게 세상은 관대합니다. 하지만 실패를 운명 탓으로 여기고 절망에 빠지는 사람에게 세상은 한없이 냉혹하다는 것을 잊지 말았으면 합니다.

힐 사람들은 화를 잘 내고 조급해하는 태도를 좋아하지 않는 것 같습니다. 이런 점들에 관해서는 어떻게 생각하십니까?

카네기 조급하다는 것은 이기적이고 자기통제가 부족하다는 증거입니다. 타인의 공감을 기대하기 어렵지요.
과식, 과음, 무절제한 성생활 등은 건강하지 않은 마음가짐과 부정적 태도에서 비롯됩니다. 무절제한 생활 태도는 급격한 건강의 악화를 불러오기도 하지요.
음식에 집착하는 것 역시 화를 잘 내는 성급함과 연관되어 있습니다. 어떤 의사는 몸을 깨끗이 하듯 내면을 깨끗이 한다면 병원을 찾을 일이 줄어들 거라고 했습니다.

겸손

힐　　타인의 호감을 얻을 수 있는 매력 있는 성품의 그다음 요소는 무엇입니까?

카네기　'겸손'입니다. 남을 유쾌하게 만드는 사람의 성품에는 자만심, 탐욕과 과시욕, 이기주의 같은 부정적인 욕구가 없습니다. 겸손은 인간이 신에 대해 가지는 인식에서 출발합니다. 겸손한 사람은 경제적인 풍요 역시 신이 인류에게 허락한 선물이라 여기지요. 신 앞에 겸손한 사람은 자기 양심에 비추어 떳떳한 사람입니다. 이런 사람이 매력적인 사람입니다.

쇼맨십

힐　　그다음 요소로는 무엇을 꼽으시겠습니까?

카네기　'쇼맨십'입니다. 쇼맨십은 앞서 언급한 성격들과 적절히 혼합되어 사용됩니다. 쇼맨십은 호감을 일으킬 만한 상황을 만들어내거나, 상황을 극적으로 변화시키기 위해 표정과 어조, 단어 선택, 감정 통제, 효과적인 연설, 융통성, 마음가짐, 유머 감각 등을 조화롭게 사용하는 능력입니다.

악수

힐   저는 처음 만났을 때 악수를 청하는 사람에게 좋은 인상을 받습니다. 악수는 어떻습니까?

카네기   악수를 적절히 사용할 줄 아는 능력은 매력적인 성품과 관련이 깊습니다. 악수라는 행위를 통해 다양한 방법으로 정확한 느낌을 전달할 수 있지요. 악수를 멋지게 하는 사람 쪽이 마지못해 손을 내미는 사람보다는 더 많은 기회를 얻을 수 있지 않을까요?

성적 매력

힐   매력적인 성품의 마지막 요소를 말씀해 주시겠어요?

카네기 자석처럼 '사람을 끌어당기는 매력'입니다. 터놓고 말하자면 품위 있는 성적 매력이시요. 성적 매력은 타고나는 것으로, 노력으로 만들어내기 어렵다는 말을 굳이 부정하지는 않겠습니다. 하지만 하찮은 미물에서부터 인간에 이르기까지 지구 위의 모든 생물은 각자 고유한 성적 매력을 가지고 있습니다.

중요한 것은 성적인 에너지를 생산적이고 발전적인 목표와 힘으로 전환하는 지혜입니다. 성적인 매력과 에너지가 넘치는 사람이 그것을 전환하여 자기 일에 쏟아부을 때, 효과적으로 상대방을 설득할 수 있다는 것은 입증된 사실입니다. 성적 욕구는 매력적인 성품의 중요한 요인이며 사람들에게 영향을 미치는 강력한 힘입니다.

Think
And
Grow
Rich

신념을

가져라

66

마음의 힘은 대단히 위대한 것이어서
스스로 만든 한계 외에는 아무런 제약이 없습니다.
자신의 한계를 이겨내는 힘이 바로 신념이며,
모든 신념의 근원에는 무한한 지성에 대한
믿음이 깔려 있습니다.
이러한 진리를 이해한다면
자신감 걱정은 하지 않아도 됩니다.
이미 충분히 가지고 있으니까요.

99

힐   장애를 뛰어넘는 신념을 확립할 수 있을까요?

카네기   신념은 성공의 열일곱 가지 원칙 중에서 가장 중요합니다. 진정으로 모든 사람을 평등하게 만드는 위대한 능력이지요.

힐   자신감과 신념이 넘치는 사람은 처음부터 그렇게 타고난 것일까요?

카네기   먼저 이 점을 짚고 넘어가야겠습니다. 그렇지 않으면 성공한 사람들은 남들이 갖지 못한 천부적인 소질을 타고난 것으로 단정 짓는 우를 범할 테니까요.
자신감은 사람의 마음가짐 전체를 좌우하는데, 그것은 특별한 사람에게만 주어지는 게 아닙니다. 자신감의 다양한 형태에 대해서는 나중에 설명하겠습니다.

최고의 자신감은 무한한 지성 안에 존재하는 믿음입니다. 그리고 그것과 연결되어야만 얻을 수 있다는 점을 깨달아야 합니다. 또한, 자신감은 목표를 명확하게 하는 것에서 출발합니다. 그래서 성공의 제1원칙으로 명확한 목표를 꼽지요.

자신이 무엇을 원하는지 정확히 아는 사람은 그것을 달성할 명확한 계획을 세우고 실제적인 행동을 함으로써 성공을 확신할 수 있습니다. 여기저기 기웃댈 뿐 무엇도 결단하지 못하는 우유부단한 사람은 자신에 대한 믿음이 없는 탓에 시간을 허비할 뿐입니다.

힐   자신이 세운 목표에 따라 계획하고 실행했는데 실패하면 어떻게 되나요? 실패로 인해 자신감을 잃게 되지는 않을까요?

카네기   기다리던 질문입니다. 이 질문에 대한 답을 통해 사람들이 자신의 실수를 바로잡았으면 하는 바람입니다.

우리는 실패가 가져다주는 유익함을 깨달아야 합니다. 위대한 리더들이 걸어온 길을 살펴보면 그 절반은 실패의 기록입니다. 좌절과 실패를 통해 개인의 능력과 지혜는 더욱 커지므로 경험 그 자체를 수용하면 영원한 실패란 존재하지 않습니다.

마음의 힘은 대단히 위대한 것이어서 스스로 만든 한계 외에는 아무런 제약이 없습니다. 자신의 한계를 이겨내는 힘이 바로 신념이며, 모든 신념의 근원에는 무한한 지성에 대한 믿음이 깔려 있습니다. 이러한 진리를 이해한다면 자신감 걱정은 하지 않아도 됩니다. 이미 충분히 가지고 있으니까요.

힐   사람들은 실패가 가진 장점을 믿지 않습니다. 저는 실제로 실패했을 때 어떻게 해야 하는지 알고 싶습니다. 그리고 실패를 겪으면서 신념이 무너지지는 않을까 하는 우려도 있고요. 신념이 무너졌을 때 회복하려면 누구에게 도움을 청해야 할까요?

카네기   대답하기 어려운 질문이지만 이미 말했듯이 겉모습은 우리의 일부일 뿐입니다. 가장 좋은 것은 실패에도 좌절하지 않을 만큼 충분히 마음을 훈련한 다음 도전하는 겁니다.
명확한 목표의 달성을 위해서는 행동하기에 앞서 자신의 마음을 완전히 자기 것으로 장악하고, 사소한 일부터 중요한 일에 이르기까지 성공의 원칙들을 습관화해야 합니다.

힐   자신의 마음을 장악하기 위해서는 어떻게 해야 합니까?

카네기   성공의 열일곱 가지 원칙을 완전히 자기 것으로 만들지 않으면 실행하는 과정에서 어려움을 느낄 겁니다. 앞서 말한 내용을 다시 한번 정리하자면 그 시작은 명확한 목표 설정입니다.

그다음 단계는 마스터 마인드 연합의 구성입니다.

세 번째는 마스터 마인드 연합의 구성원, 그리고 목표를 달성하기 위해 만나게 되는 사람들과 바람직한 유대 관계를 맺는 것입니다.

네 번째는 지금 다루고 있는 신념이라는 마음가짐입니다. 신념은 다른 세 가지 원칙을 효율적으로 이용할 수 있는 능력으로, 누구나 계발할 수 있습니다.

힐   신념의 원리에 어떤 원칙이나 공식이 있습니까? 누구라도 쉽게 적용할 수 있나요?

카네기   그렇습니다. 신념의 공식을 알아보기에 앞서 조화로운 매력의 원칙에 대해 먼저 말씀드리지요. 이 원칙의 도움을 받아 성공하는 사람은 의식적이든 무의식적이든 마음속에 성공을 각인시킴으로써 목표 달성이라는 열망으로 동기를 부여하는 게 가능해집니다. 이런 강한 관념은 자기최면으로 이어지기도 하지요.

힐   그런 자기최면 상태에까지 이르려면 어떻게 해야 합니까?

카네기   명확한 목표와 계획이, 이것을 반드시 달성하고 실행하겠다는 강렬한 욕구를 불러일으켰을 때 가능합니다. 목표와 계획을 세웠지만, 그것을 향한 열망이 강렬하지 않으면 생각이 행동으로 쉽게 옮겨지지 않습니다.

예를 들어 목표 달성을 위한 강한 열망이 쉬지 않고 아이디어를 구상하는 강박적인 습관을 만들어낼 수 있습니다. 목표가 마음을 지배하고 있는 것이지요.

아이디어나 계획은 많이 생각할수록 더 구체적인 것이 되고 더욱 많은 고민과 구상을 하게 합니다. 그래서 마스터 마인드의 원탁 토론 방식이 이런 강박 관념을 고무시키는 강력한 요소가 되기도 합니다.

힐   인간은 잘못된 것도 계속 반복하면 익숙하게 받아들이는 성향이 있는데 이를 악용하는 정치가도 있는 것 같습니다.

카네기   맞습니다. 반복의 원리는 욕망을 강한 화력으로 부추기는 것과 같습니다. 마스터 마인드 토론을 입으로 매일 반복하다 보면 그것이 잠재의식에 각인되어 논리적 결정으로 이행하게 됩니다.

위대한 리더들은 이런 방식으로 목표를 주문처럼 마음에 각인하여 성공의 길로 나아갔습니다. 마음이 주문을 수용하여 실행해 가는 것이지요. 자신이 가진 한계, 자신이 처한 빈곤과 같은 생각에 매몰되면 그것이 각인되어 벗어날 수 없게 됩니다.

잠재의식은 최후의 결정 사항을 수정하거나 변경하지 않고 그대로 사고에 작용하여 의식하지 않아도 저절로 작동됩니다.

힐　　그렇다면 자기 생각을 밀고 나가면서 그 가운데 생기는 문제들만 해결한다면 자신감을 계발할 수 있겠군요.

카네기　　잘 알고 계시네요. 제가 일용직 노동자였을 때 동료가 "가난이 싫어 못 살겠다."라고 하더군요. 그날 벌어 그날 먹고 사는 고된 처지였지만 직업이 있기에 희망이 없지는 않았음에도 그는 끊임없이 자신이 가난하다는 생각을 반복했고, 이것이 그의 잠재의식에 영향을 미쳤습니다. 만약 '나는 부자가 되고 싶으니까 더 열심히 일해야지.'라고 매일 말했다면 그리고 미래를 바라보며 자신이 원하는 목표를 이루기 위해 노력했다면 그의 삶은 크게 달라졌을 겁니다.

힐　　그러면 마음으로 경제적 성공을 이룰 수 있다는 말씀입니까?

카네기 맞습니다. 가장 짧은 기간에 가장 큰 경제 목표를 이루기 위한 모든 기회를 사용함으로써 말이지요.

힐 둘 이상의 마음이 연합하여 명확한 목표를 이루기 위해 조화롭게 일하는 것, 즉 마스터 마인드는 어떤 효과가 있을까요?

카네기 혼자 일할 때보다 훨씬 빨리 목표를 이룰 수 있게 해줍니다. 혼자의 힘으로는 상상할 수 없을 만큼 빠르고 효과적으로 목적을 달성할 수 있지요. 기업의 리더라면 직원들과 조화를 이룸으로써 거대한 목표를 이룰 수 있을 테고요.
이것은 제 머릿속의 생각이 아니라 실제 일어나고 있는 사실입니다. 가령 신문에 전쟁에 관한 기사가 실리면 사람들은 일상에서 전쟁에 대해 말하고 생각하면서 자신과 무관하지 않다는 것을 알게 되지요.
개인뿐 아니라 사회와 국가에도 적용할 수 있습니다.
미국이 자유롭고 부강한 나라가 된 것은 자유롭고 풍족한 미래에 대해 끊임없이 생각하고 말하고 의견을 나누었기 때문이 아닐까요? 미국은 자유에 대한 열망으로 탄생했습니다. 자유에 대해 활발하게 논의했기 때문에 자유롭게 살 수 있게 되었지요.

힐　어떻게 해서 그 같은 생각을 논의할 수 있었을까요?

카네기　미국의 건국 역사를 떠올려 보세요. 독립선언문이 탄생하기까지 잘 알려지지 않은 이야기가 있습니다.

조지 워싱턴의 군대가 엄청나게 우세한 화력으로 무장한 적군을 무찌르고 승리할 수 있었던 힘의 원천이 무엇일까요? 저는 각자의 마음속에 있던 명확한 목표가 서로 연합하면서 그것이 가능했다고 말씀드리고 싶습니다. 그 힘이 멀리 퍼져나가 마스터 마인드 연합을 만들어내면서 곳곳에 자유를 퍼뜨린 것이지요.

힐　좀 더 자세히 듣고 싶습니다.

카네기　존 핸콕, 새뮤얼 애덤스, 리처드 헨리 리, 시작은 이렇게 세 사람이었습니다. 그들은 미국이 식민지에서 벗어나 자유 국가로 나아갈 방향에 관한 의견과 희망을 편지로 주고받았습니다. 그러던 중 새뮤얼 애덤스는 그들뿐 아니라 13개 식민지에 거주하는 여러 유력 인사들과 교류를 확장하여 뜻을 모으면 식민지의 공통된 문제들을 해결할 수 있지 않을까 생각했지요. 그렇게 해서 그들은 미국 독립을 목표로 하는 합동위원회를 조직했습니다. 세 사람의 마스터 마인드 연합이 모든 식민지 주민들의 의식을 변화시키고 결속하게 만든 겁니다.

세 사람의 교류는 편지를 주고받는 것에서 출발했지만 거기에 머물지 않고 지속적인 협력 관계로 발전시켰습니다. 그리고 마침내 필라델피아 인디펜던스 홀에서 모임을 이끈 56명이 새 국가 탄생을 알리는 독립선언문에 서명하게 되었지요. 그들은 행동을 통해 신념 있는 모습을 보여주었습니다.

힐   그것이 과연 그렇게 간단했을까요?

카네기   절대 간단하지 않았지요. 그러나 작동 원리는 단순하고 명료했습니다. 새뮤얼 애덤스와 존 핸콕은 편지로 교류하면서 동시에 가까운 사람들의 비밀집회를 구상했습니다. 자신들의 명확한 목표를 구체적인 행동으로 옮길 계획을 세우려는 목적이었지요.

집회가 열렸을 때 애덤스는 문을 잠그고 주머니에 열쇠를 감춘 채 좌중을 향하여 "우리는 독자적인 의회를 수립해야 합니다. 여기에 동의하지 않는 사람은 이곳을 나갈 수 없습니다."라고 말했습니다.

그는 결의에 찬 행동을 통해 사람들에게 신뢰를 주었습니다.

핸콕과 애덤스의 주도로 대륙회의가 결성되고, 그들은 결국 미국의 독립을 이끌어 냈습니다.

그들이 첫 대륙회의를 개최한 1774년 9월 5일을 기억합시다. 그리고 이러한 역사를 만들어낸 결단력 있는 두 사람을 잊지 맙시다. 대륙회의를 개최한다는 결정이 없었다면 독립선언문의 서명도 없었을 겁니다. 혼자가 아닌 공동의 힘과 행동하는 신념이 이루어낸 결과입니다.

힐   그런 신념은 오늘날에도 여전히 필요한 것 같습니다.

카네기   세 사람이 만든 마스터 마인드 연합은 56명으로 확대되어 대륙회의 결성과 2년여에 걸친 독립운동으로 이어졌습니다. 그들은 모임을 통해 활발히 의견을 개진하며 영향력을 확대해 갔습니다.

1776년 6월 7일, 리처드 헨리 리는 그동안의 성과를 행동으로 옮길 때가 왔다고 생각했습니다. 그는 의장석에서 일어나 멤버들에게 말했지요.

"여러분, 미국은 이제 자유롭고 독립적인 국가로서 영국과의 모든 동맹 관계를 철폐하고, 식민 체제를 종식해야 합니다."

미국은 이처럼 신념을 가지고 결단력 있게 행동한 사람들과 그들에게 완전한 신뢰를 부여한 사람들이 함께 탄생시킨 나라입니다. 조지 워싱턴의 초라한 군대가 이루어낸 승리도 이와 같습니다. 그들은 하나의 목표를 위해 연합하고 준비하고, 계획하며 실천했지요.

힐   그들이 한 일은 그저 힘들고 어려웠다는 말로는 부족할 것 같습니다. 목숨을 걸고 한 일이니까요.

카네기   위대한 리더들은 큰일을 해내기 위해 자신의 마음을 조절합니다. 이것은 자기 확신으로 가능하며, 신념이 행동으로 발전하는 방식의 한 예입니다.
명확한 목표를 설정함으로써 행동이 일어난다는 사실을 기억하세요. 행동 없는 계획과 목적은 아무런 의미가 없습니다. 미국을 자유의 길로 이끈 세 사람은 비즈니스 등 다양한 분야의 리더들이 사용하는 성공 원칙을 탁월하게 활용했습니다. 독립심 계발처럼 명확한 목적에 기반을 둔 동기가 있어야 합니다.

힐   자신감이 어떻게 확립되고 강화되는지 이제 잘 알 것 같습니다. 카네기 씨는 U. S. 스틸이라는 거대한 기업을 탄생시키기 위해 쌓아 올린 모든 것을 걸었지요. 당신의 너무나 화려하고 엄청난 경력에 이러한 원칙들이 어떻게 적용되었는지 설명해 주십시오.

카네기　가장 먼저 명확한 목표라는 원칙을 적용했습니다. 철강회사의 입지를 강화하면서 매각이라는 결정에 이른 것이지요. 두 번째로 매각을 결정하면서 마스터 마인드 연합 멤버들과 함께 몇 주에 걸쳐 제 재산의 가치를 분석했습니다. 정당한 대가를 받아야 하니까요. 또한, 가능성 있는 구매자에게 손해를 끼치지 않는 범위 내에서 다가설 방법을 여러모로 모색했습니다. 우리가 회사를 매각한다는 사실에 모두가 관심이 있었으니까요.

마스터 마인드 연합의 노력으로 완벽한 계획안이 나왔고, 우리가 구매자를 찾는 게 아니라 구매하려는 쪽에서 우리에게 의사를 타진하는 방향으로 전개하였습니다.

그러다 뉴욕의 한 만찬회장에서 우리 마스터 마인드 연합의 실질적 리더인 찰리 슈왑과 유력한 구매자로 지목된 월스트리트 은행가들의 만남이 우연히 성사되었습니다. 슈왑은 즉석에서 멋진 연설을 통해 철강산업을 하나의 회사로 합병하는 안을 생생하게 제시했습니다. 물론 사전에 계획된 것이었지요. 우리의 계획은 그가 제안한 그대로 받아들여졌고, 저의 동의만이 남은 상황까지 신속히 진행되었습니다. 얼마 후 계약이 체결되고 매각대금이 들어오고 나서야 은행가들은 그 연설이 사전에 계획된 것임을 알았지요.

힐   말씀을 들어보면 당신은 자산 매각 능력에 자신감이 대단히 컸는데, 실제 구매자가 누구일 거라는 걸 사전에 예상하고 대처하신 것 아닌가요?

카네기   저희 아이디어가 사전에 계획한 대로 적중한 것뿐입니다. 그렇다고 저희가 철강 운영에 대한 사업적 조치들까지 계획한 것은 아니었지요.

이처럼 신념이란 명확한 계획이라는 배경이 뒷받침되었을 때 당당히 힘을 발휘합니다. 신념이 성공의 요소가 된다는 것은 결코 막연하고 맹목적인 게 아닙니다.

저의 신념은 사실에 기반한 실현 가능한 가설 위에 세워집니다. 마스터 마인드 연합의 주된 목적 또한 목적 달성을 위한 계획을 수립할 확실한 근거를 마련하는 것이라고 할 수 있지요. 이 원리를 확실히 이해한다면 신념이라는 마음 상태가 어떻게 성공에 기여하는지 잘 알 수 있습니다.

힐   그 말씀은 '무한한 지성에 대한 믿음'으로부터 비롯된 완전한 자기 확신'이라는 원리와 얼핏 모순되어 보입니다. 맹목적인 신뢰를 인정하지 않는다면 신념은 증명 가능한 사실이나 지식에 대한 것인가요? 그렇다면 무한한 지성에 대한 믿음은 어떻게 설명될 수 있을까요?

카네기　우리는 무한한 지성을 저 먼 우주 행성의 움직임과 위치 변화 속에서 찾을 수 있습니다. 그리고 몸속 작은 세포의 신비한 생성과 소멸에서도 느낄 수 있지요. 인간이 아직 증명하지 못한 이론들이 많지만 무한한 지성은 그런 것을 의미하는 게 아닙니다.

이성이란 인간의 두뇌를 통해 작용하는 무한한 지성의 기능 중 극히 작은 일부분에 지나지 않습니다.

무한한 지성은 인간의 마음을 통해 작용하며, 조물주의 계획안을 수행하는 데 필요한 가장 실제적인 자연 매체를 사용합니다. 이러한 시각을 갖춘다면 신념에 대해 쉽게 이해할 수 있을 겁니다.

성공에는 자기 확신이 필요하다고 앞서 말씀드렸습니다. 신념의 원리를 받아들이고 적용한다면 자기 확신보다 월등히 위대한 영감을 얻을 수 있습니다. 자기 확신에 더하여 신념의 원리가 반드시 필요합니다.

힐　무한한 지성은 인간의 마음을 통해 작용하며, 조물주의 계획안을 수행하는 데 필요한 가장 실제적인 자연 매체를 사용한다고 하셨습니다. 그때 제 머릿속에 떠오른 것은 인간의 두뇌는 생각을 주고받는 복잡한 체계를 가지고 있으며, 무한한 지성이 사고력의 실제 원천이라는 당신의 이론 가운데 가장 중요한 증거가 된다는 것입니다. 제가 제대로 이해했다면 인생 문제를 해결하는 힘의 근원 가운데 가장 뛰어난 것은 각자의 마음을 통제하는 일인 것 같습니다.

카네기 　마음이 행하는 실제 활동을 완전히 통제할 수 있게 되면 자기 의지의 부족을 다시는 겪지 않게 되리라 생각합니다. 또한, 마음의 문을 여는 일에도 어려움이 없어질 것입니다. 이성에 기반을 둔 의지만으로는 우리가 처한 문제를 모두 해결할 수 없습니다.

힐 　마음이 가진 특성 중 가장 중요한 건 무엇인가요?

카네기 　가장 중요한 특성은 인간이 마음을 스스로 조절한다는 것입니다. 조물주가 인간에게 주신 놀라운 특권이지요. 또한 이 특성이 우리 인간이 가진 위대한 자산이라는 생각은 믿음으로부터 나옵니다.

두 번째로 중요한 사실은 마음은 의식에 통해 강력한 힘을 갖는다는 겁니다. 인간이 그의 의지에 따라 마음을 열거나 닫는 체계는 마음이 외부로부터의 침입에 신중하게 대응하는 방식입니다.

힐　　　마음을 문처럼 여닫는다는 게 무엇인지 알기 쉽게 설명해 주시겠습니까?

카네기　　　잠재의식을 통하면 무한한 지성에 접근할 수 있는 관문이 열린다는 겁니다. 이러한 통로는 잘 정돈되어 있어서 신념을 통해 준비하지 않으면 무엇으로도 임의로 열 수 없습니다. 그 출입문을 열기 위해서는 대화가 필요하지만 동의가 요구되는 것은 아닙니다. 무한한 지성에 따라 말하면 다른 측면에서 임의로 열리게 되지요. 마음을 여닫는 등의 조절은 의식과 관련되어 있습니다.

힐　　　'상상은 영혼의 공작소'라고 합니다. 이 말을 어떻게 생각하십니까?

카네기　　　저도 그 말에 공감합니다. 마음은 상상력을 통해 희망과 목표를 물리적인 실체로 바꾸지요. 또한, 마음이 욕구와 열정의 자극을 받아 인간의 계획과 목표가 상상을 거쳐 행동으로 옮겨집니다. 의지력으로 계획과 목표가 지속적으로 유지되며, 덕분에 두려움과 좌절, 반대와 같은 장애를 이겨낼 힘을 얻게 됩니다.

신념의 능력은 의지와 이성을 완화하기 때문에, 두뇌의 전 기능이 무한한 지성의 안내자 역할로 전이되면서 이루어집니다. 이 이론을 일면 신념을 계발하는 방법에 이를 수 있을 겁니다.

힐   직감에 대해서도 말씀해 주십시오.

카네기   직감은 자신의 마음과 타인의 마음을 직접 연결해 줍니다. 따라서 마스터 마인드 원리도 적용할 수 있습니다. 이로써 자신의 마음에 상상력을 높여주는 타인의 마음이 더해지는 겁니다.
우리의 마음에는 타인의 마음을 알 수 있는 텔레파시가 있는데, 이 텔레파시를 이용해 서로 다른 환경에서도 자유롭게 소통할 수 있습니다. 자발적이든 아니든 타인의 마음이 열리고, 다음으로 마스터 마인드 연합처럼 둘 이상의 마음 사이에 조화로운 관계가 형성되지요.

힐   마음이 가진 두 가지 기능인 이성과 추론의 힘에 관해서도 말씀해 주시겠습니까?

카네기   이성적 능력은 사실과 이론을 가설이나 아이디어, 계획들에 결합합니다. 철학자는 추론을 통해 과거를 분석하여 미래를 예측하지요.

마음은 사고의 본질을 선택하고 수정하며 조절하는 힘이 있습니다. 그래서 어떤 종류의 사고가 마음을 지배하게 할지에 대한 결정권을 인간에게 줍니다.

힐   물리력에 관한 마음의 힘에 대해 설명해 주십시오.

카네기   마음은 육체의 건강을 유지하는 힘을 가집니다. 육체의 병을 낫게 하는 근본적인 치료법이라는 것도 분명합니다. 다른 치료 방법은 보조적 수단일 뿐 인간의 몸을 회복시키는 것은 결국 마음입니다.
우리 몸은 음식을 섭취하여 인체를 유지하는 화학작용을 스스로 조절합니다. 섭취한 음식물을 필요한 곳으로 분배하고, 노폐물이 세포 바깥으로 배출되게 하며 혈액이 순환하도록 심장을 움직입니다.

힐   열거한 물리적 기능과 함께 작동하는 정신 기능도 있습니까?

카네기   마음은 기도를 통해 조물주와 만나는 곳입니다. 이성의 의지를 잠재우고 믿음을 통해 잠재의식의 통로를 여는 과정으로 단순하게 설명할 수 있습니다. 마음으로부터 감정과 직관의 힘도 생깁니다. 이것은 육체에 동기를 부여함으로써 원하는 일들을 이루게 하지요. 마음은 수많은 행복과 불행의 원천입니다. 어떤 성질의 것이든 마음은 성공과 실패를 좌우하는 근원이며, 생각에 지배된 것들에 에너지를 쏟게 됩니다.

또한 모든 인간관계의 근원으로서, 어떻게 사용하느냐에 따라 친구를 만들기도 하고 적을 만들기도 합니다. 이성에 결코 한계란 없습니다. 다만 신념이 부족한 사람은 예외입니다. 마음은 자신이 믿는 일이라면 무엇이든 해내고 맙니다.

힐   우리 마음의 균열을 타고 들어와 스스로를 한계 속에 가두게 하는 두려움이라는 감정에 대해서도 설명해 주세요.

카네기   인간은 풍요 속에서도 가난을 두려워합니다. 질병에 걸리지 않을까 불안해하기도 하지요. 육체는 자연 체계에 따라 제 기능을 하고 있는데도 말이지요.

타인의 비난에 대한 두려움도 있습니다. 친구나 주변 사람들로부터 버림받지 않을까 두려워하고, 자신이 사랑받을 만한 사람이라고 생각하면서도 그런 두려움을 떨쳐내지 못합니다.

나이 드는 것 역시 두려움의 대상입니다. 잃는 것도 있지만 대신 더욱 현명해지고 관대해진다는 사실을 깨달아야겠지요. 자유의 상실에 대한 두려움도 있습니다. 자유란 타인들과의 조화로운 관계에 관한 문제라는 걸 알면서도 그렇지요.

그리고 죽음도 두려워합니다. 죽음이 필연적이라는 걸 알면서
도 두려워하지요.

실패의 두려움도 있습니다. 실패로부터 얻을 것이 있다는 걸
모르기 때문에 두려워하게 됩니다.

믿음으로 무한한 지성을 통해 마음을 열기보다는, 마음을 닫은
채 쓸데없는 두려움에 싸여 살아갑니다.

힐　　　어떻게 신념을 가질 수 있습니까? 많은 사람에게 도
움이 될 말씀을 부탁드립니다.

카네기　　　방법을 말씀드리지요. 일단 마음의 적들을 없애 나가
세요. 부정적인 생각, 두려움, 스스로 정해 놓은 한계를 떨쳐버
리면 그 자리에 신념이 깃들게 됩니다. 믿기 어렵겠지만 확신
을 가지고 시도해 보세요.

신념보다 더 신비한 힘을 가진 것은 없습니다. 두려움을 없애
면 저절로 신념이 생겨납니다. 생각만 하지 말고 직접 실행해
보십시오. 아주 간단합니다.

신은 인간이 감당할 수 있는 만큼의 시련을 주겠다고 약속했습
니다. 그런데 우리의 마음은 두려움으로 가득 차 있습니다.

힐   와닿을 수 있게 설명해 주신 덕에 많은 이들이 생각을 바꿀 수 있을 것 같습니다.

카네기   저는 우리가 필요로 하고 원하는 모든 것이 이미 우리 안에 주어져 있다는 걸 깨닫게 해드리고 싶습니다. 우리가 해야 할 일은 우리의 마음을 지배해서 활용하는 것입니다. 이 일은 자신 외에는 누구도 대신할 수 없지요. 자유롭고 충만한 삶은 마음을 통해 이룰 수 있습니다. 이는 자신만이 통제할 수 있습니다. 결코 이해로 해결할 문제가 아니지요.

힐   자신의 마음을 장악해서 성공한 사람들의 사례를 듣고 싶습니다.

카네기   자기 마음을 지배함으로써 인류 전체에 이익을 가져온 사람들이 있습니다. 토머스 에디슨, 아리스토텔레스, 플라톤 등 여러 분야의 천재들이지요. 콜럼버스는 자신의 마음을 장악하여 인류의 마지막 미개척지인 신세계를 발견했습니다. 오빌과 윌버 라이트 형제 역시 마음을 지배해 인류에게 날개를 달아주었습니다. 요하네스 구텐베르크의 경우 마음을 손안에 둠으로써 인쇄 기술이라는 혁신을 통해 문명에 기여할 수 있었습니다. 일일이 거론하자면 끝이 없을 정도지요.

이 같은 탁월한 성취들을 보며 잊어선 안 되는 것이 있습니다. 모든 성취는 자기 의지와 신념이라는 목적의 명확성에 바탕을 두고 있으며, 명확한 행동 계획의 지지를 받았다는 것이지요. 우유부단함은 신념과 거리가 멉니다.

힐   말씀을 정리하면 신념을 확립하는 가장 좋은 방법은 목표를 정하여 시작하는 것인가요?

카네기   그렇습니다. 신념을 갖는다는 것은 마음의 놀라운 힘을 이해하는 일이지요. 신념에 관해 유일하게 해결되지 않는 문제가 있다면 인간이 이것을 사용하는 일에 실패할 때가 많다는 것입니다.

제가 경험한 바로, 신념은 효과적이고 쉽게 얻을 수 있으며 사용 가능한 마음 상태입니다. 즉 이해와 적용에 관한 문제이지요. 저는 '실천 없는 신념은 죽은 믿음'이라는 말에 완전히 동의합니다. 저 역시 젊고 가난했을 때, 제게 기회가 오지 않는 것을 원망한 적이 있습니다. 하지만 저에겐 신념이 있었고, 그 마음은 제가 원하는 것보다 더 많은 것을 가져다주었습니다. 이런 신념은 특별한 사람들에게만 있는 것이 아닙니다. 가진 것 하나 없는 사람도 이 세상에서 가장 성공한 사람과 똑같이 사용할 수 있는 보편적인 힘입니다.

힐   마음의 가능성에 관한 설명이 흥미롭고 뜻깊었습니다. 이 이론을 어떻게 정립할 수 있었나요?

카네기   인생이라는 학교를 통해 배웠지요. 저는 오랜 기간 꾸준히 계획과 목표, 그리고 마음의 작동 원리의 연관성을 탐구해 왔습니다.
이러한 습관을 '영원과의 조화'라고 부를 수도 있을 겁니다. 나는 이 탐구를 살아 있는 동안 계속할 것이며, 자신의 마음을 다스리고 싶어 하는 모든 이에게도 권하고 싶습니다.

Think
And
Grow
Rich

STEP
5

보상을 바라지 말고

일하라

"

보상을 바라지 않는 습관은 자발성,
독창성이라는 중요한 자질을 발달시킵니다.
농부가 밭에 뿌린 한 알의 씨앗이
100배의 결실로 돌아오듯,
보상을 바라지 않고 일하다 보면 언젠가
자신이 제공한 노동력의 100배 이상의
결실로 돌아오게 됩니다.

"

어느 추운 겨울 아침, 찰리 슈왑이 탄 자동차가 펜실베이니아주의 철강 제조 공장에 도착했다. 차 문이 열리고 슈왑이 차에서 내리자 속기용 노트를 손에 든 한 청년이 급하게 다가왔다. 그는 총무과 소속의 속기사라고 자신을 소개하며 편지나 전보를 쓸 일이 있다면 돕겠다고 했다.

"나에게 가라고 자네에게 지시한 사람이 있었나?"

"아니요, 없었습니다. 사장님께서 오셨다는 말을 듣고 제가 도울 일이 있지 않을까 해서 왔습니다."

슈왑은 고맙다는 말과 함께 지금 할 일은 없으니 돌아가도 좋다고 답했다.

그날 밤 뉴욕으로 돌아오는 슈왑의 차 안에는 그 젊은 속기사가 함께 타고 있었다. 그의 열정을 알아본 철강업계의 거물 슈왑이 그를 뉴욕에서 일할 수 있게 해주었다.

청년의 이름은 윌리엄스였다. 그의 이름을 기억해야 할 필요는 없다. 다만 평범한 회사원이었던 그가 이후 승승장구를 거듭하여 기업의 사장인 동시에 대주주가 되어 엄청난 부와 성공을 거두었다는 사실은 기억해 두자.

찰리 슈왑이 평범한 속기사였던 윌리엄스를 발탁한 이유는 무엇일까?

윌리엄스에게는 다른 사람들이 갖지 못한 특별한 습관이 있었다. 자발적으로 자신의 보수 이상의 일을 한다는 것이었다. 윌리엄스의 이런 습관이 슈왑의 눈에 띄었고, 그가 성공에 이르도록 계속해서 그를 이끌었다.

주어지는 대가보다 항상 더 많은 일을 하는 습관으로 카네기의 선택을 받았던 슈왑은 자신과 같은 습관을 가진 젊은 윌리엄스를 발탁해 성공으로 이끌었다. 일용직 노동자였던 카네기가 미국 최대 기업의 소유자가 될 수 있었던 것도 바로 이 습관이었다.

"보상을 생각하지 말고 일하라."라는 카네기의 조언은 성공을 꿈꾸는 현대 사람들에게 실용적인 행동 원칙을 제시한다.

힐　　사람들은 흔히 운이 따라야 성공할 수 있다고 말합니다. 기원전 리디아의 왕 크로이소스는 인간사란 수레바퀴처럼 돌고 돌아 같은 사람이 계속해서 행복하도록 내버려 두지 않는다고 했습니다. 카네기 씨도 당신이 거둔 위대한 성공에 이르기까지 운명의 수레바퀴가 가져다준 것은 없었습니까?

카네기　성공의 열일곱 가지 원칙 중 다섯 번째 원칙을 설명할 때가 온 것 같군요. 저는 그것을 '보상을 바라지 않고 일하는 습관'이라고 부릅니다. 물론 피하기 어려운 일들도 뜻하지 않게 찾아오겠지만 얼마든지 자신에게 유리하게 바꿀 수가 있습니다. 그것을 위해 성공의 원칙이 필요한 것이고요.

힐　열심히 자신의 경력을 만들어가는 젊은이들에게 운명의 힘을 자신의 것으로 만드는 방법에 관해 알려주시겠습니까?

카네기　먼저 성공의 열일곱 가지 원칙을 완전히 이해하고 언제든 적용할 수 있도록 훈련하십시오. 앞서 말씀드린 다섯 가지 원칙만 적절히 활용할 수 있어도 성공에 빨리 다가갈 수 있을 겁니다. 거기에 더해 남은 열두 개 원칙까지 습득하면 성공의 조건이 되는 모든 요소를 갖추게 됩니다.

힐　대부분의 사람이 자신이 하는 일에 비해 보상이 적다고 불평합니다. 그게 사실이라면 그들은 원하는 만큼의 대가를 얻을 수 있는 더 나은 일을 찾아야 하지 않을까요? 많은 사람이 당신처럼 부자가 되지 못하는 이유는 무엇이라고 생각하십니까?

카네기 답을 드리기에 앞서 설명해야 할 부분이 있습니다. 100명의 사람 중 98명은 일을 하면서도 뚜렷한 목표를 갖고 있지 않다는 사실을 알아야 합니다. 목표가 없으면 아무리 열심히 일한다 해도 오늘과 내일이 달라지지 않습니다. 무언가 성취하려는 욕구와 기대가 없으니까요. 제가 그들과 다른 점은 원하는 목표와 부를 얻기 위한 분명한 계획이 있었다는 점입니다. 목표를 이루기 위해 열정적으로 계획을 실행에 옮긴 결과 기대한 만큼의 부를 얻게 되었지요.

인생은 기대한 만큼 보답해 줍니다. 자신의 보수에 연연하지 않는 사람들에게 적용되는 원리지요. 이런 사람들은 행운의 여신으로부터 물질적 보상을 받을 수 있습니다.

이 점을 이해하지 못한다면 대단히 중요한 것을 놓치는 겁니다. 모든 인간관계 속에 물질적 부를 포함한 보상의 원칙이 존재합니다. 우리가 삶을 살아가고 사람들과 만나는 한 이 원칙의 적용을 피할 수 없습니다. 자연의 원칙과도 같은 인간 사회의 룰이니까요.

힐 대가에 연연하지 않고 일한 결과로 어떤 일들이 일어날까요?

카네기 보상을 바라지 않고 자기 일에 매진하는 것을 습관화한다면 다른 사람들보다 훨씬 많은 승진의 기회가 주어질 수 있습니다. 저는 높은 지위에 오른 사람들 중 이런 자세를 갖지 않은 경우를 본 적이 없습니다. 이런 태도는 주변 사람들에게도 긍정적인 영향을 주어 진실하고 우호적인 협력을 얻어낼 수 있습니다.

조금 다른 시각에서 보자면 이러한 습관을 갖지 못한 사람이 대다수이기 때문에, 비교우위의 원리에 따라 이 습관을 체득하고 있는 사람에게 특별한 기회와 보상이 주어질 가능성이 커집니다. 이들은 주어진 업무 이상의 일도 자발적으로 수행하려고 습관적으로 노력하기 때문에 결국 임금과 업무 환경 등 근로 조건을 선택할 수 있는 입장에 설 수 있게 됩니다. 또한 조직에 없어서는 안 될 꼭 필요한 존재가 되어 그에 상응하는 보수를 받게 되지요.

보상을 바라지 않는 습관은 자발성, 독창성이라는 중요한 자질을 발달시킵니다. 농부가 밭에 뿌린 한 알의 씨앗이 100배의 결실로 돌아오듯, 보상을 바라지 않고 일하다 보면 언젠가 자신이 제공한 노동력의 100배 이상의 결실로 돌아오게 됩니다.

힐 　 카네기 씨, 그렇다면 당신의 회사에서 일하는 직원들의 경우는 어떤지 궁금합니다. 얼마나 많은 사람이 그러한 큰 결실을 누리고 있습니까?

카네기　우선적으로 저를 위해 일하는 사람들은 많은 보수는 물론 성과급까지 받게 됩니다. 모두에게 큰 이익을 주는 일을 하니까요.

수천 명 중에 소수의 사람만이 보수 이상의 수고를 합니다. 바로 마스터 마인드 연합의 멤버들로 그들 모두가 자발적 습관을 통해 높은 위치에 올랐습니다. 대부분의 노동자보다 훨씬 좋은 대우를 받고 있지요.

마스터 마인드 연합의 주요 멤버인 찰리 슈왑은 회사의 운영에 없어서는 안 되는 사람이기 때문에 100만 달러 이상의 보수를 받습니다. 그 외에도 높은 보수와 승진의 기회를 얻는 사람이 적지 않습니다.

보수 이상으로 일하는 원리는 고용인은 물론 고용주에게도 무척 유리합니다. 노력을 아끼지 않는 직원이 많다는 것은 회사와 고용주에게 많은 이득을 가져다주니까요. 찰리 슈왑이 높은 보수를 받는 것은 당연한 일입니다.

힐　노동력에 대한 보상에 대해 말씀해 주셨는데요, 그러면 자발적으로 많은 일을 한 사람에게 어떤 방식으로 기회와 보상이 주어지나요?

카네기　예상치 못한 큰 금액이더라도 그들이 노력해서 벌어들인 수익을 돌려주는 것은 사실입니다. 단, 그것을 객관적으로 입증해야 합니다. 객관적인 입증 없이 보상이 주어지는 것은 공정하지 않으니까요.

농부를 예로 들어봅시다.

농부는 곡식을 거둬들이기에 앞서 봄부터 땅을 갈아엎어 써레질하고 거름을 주고 씨를 뿌립니다. 그 과정에서 노동에 대한 대가는 아무것도 없습니다. 하지만 자연은 농부가 뿌린 씨앗의 싹을 틔워 곡식으로 여물게 해줍니다. 이윽고 가을이 되면 농부의 수고가 결실을 맺습니다. 자연은 농부가 심은 한 알의 씨앗에 수많은 알곡으로 보답해 줍니다.

즉, 자연은 보상 증가의 원칙으로 농부에게 이득을 가져다주지요. 이 원칙이 없었다면 인류는 지구에서 살아남을 수 없었을지도 모릅니다. 한 알의 씨앗으로부터 똑같이 한 알만 거둘 수 있다면 씨를 뿌릴 이유가 없기 때문이지요. 필요한 것을 채우고 남을 만큼 베풀어주는 자연이 있기에 인간이 살아갈 수 있습니다.

이런 위대한 자연의 진리가 하찮은 것으로 무시되는 것이 현대 사회의 병폐가 아닐까요? 힘을 들여 노력하는 과정 없이 더 많은 보상을 얻으려 드는 것은 자연의 원칙과 맞지 않습니다. 일은 적게 하고 월급이 오르기만 바라는 사람은 현재의 자리마저 잃게 될지 모릅니다. 이 점을 제대로 이해하지 못한다면 실패할 수밖에 없을 겁니다.

힐   종업원에게 적절한 보수를 지불하지 않는 고용주나 월급보다 적게 일하며 스스로 한계를 정하는 종업원 모두 그 점을 잘 이해했으면 합니다.

설명을 듣고 보니 보상을 바라지 않고 일하는 습관은 경제학의 기본이자 수입을 증대시키는 원칙이겠군요.

카네기   바로 그렇습니다. 완벽히 이해했군요. 하지만 많은 사람이 현재 주어진 것에 연연한 나머지 미래에 찾아올 잠재적 이득을 무시하는 것이 안타깝습니다.

사람들은 흔히 말합니다.

"일한 만큼 대우해 주지 않아."

"이건 내 일이 아니니까."

"쥐꼬리 월급으로는 못 살겠어."

이런 말을 쉽게 내뱉는 것은 자기 힘으로 자기 인생을 살아 나가는 기본적인 일조차 제대로 못 한다고 스스로 드러내는 것과 같습니다. 이런 태도를 가진 사람이 중요한 책임을 맡을 수 없는 것은 당연하지요.

제가 함께 일할 사람을 선택할 때 가장 우선시하는 것은 긍정적인 마음가짐입니다. 왜 능력을 우선시하지 않는지 물으시겠지요. 단순한 이유입니다. 능력이 뛰어나더라도 부정적인 사고 방식을 가진 사람은 협력을 방해하고 다른 사람들에게까지 부정적인 영향을 미치기 때문입니다. 긍정적인 사고를 세운 다음에 업무 능력을 계발해도 늦지 않습니다.

찰리 슈왑이 회사에 들어왔을 때, 처음 그에게 맡겨진 일은 일용직 잡무였습니다. 하지만 그에게는 남들이 갖지 못한 긍정적인 마음가짐과 놀라운 친화력이 있었습니다. 그뿐 아니라 보상을 바라지 않고 자발적으로 일하는 습관과 의지가 있었습니다. 그에게 높은 지위와 100만 달러의 보상을 가져다준 것은 그 자신의 태도였습니다. 그는 말하자면 10리를 같이 가자고 청했을 때 20리, 50리까지도 웃으며 기꺼이 동행하는 그런 사람입니다.

그는 하나의 일이 끝나는 대로 즉시 다른 업무에 매진합니다. 마치 굶주린 사자처럼 일에 몰두하지요. 그는 이런 모습으로 모든 사람의 신임을 얻고, 불평하는 사람이 놓친 기회를 자기 것으로 만들어놓습니다. 이런 사람이 성공하지 않는다면 도리어 이상한 일이 아닐까요? 비록 지금의 고용주가 정당한 가치를 보상할 줄 모르는 근시안적인 사람이라 하더라도 거기에 좌절할 필요는 없습니다. 세상에는 사람의 진가를 알아보는 현명한 사람들이 훨씬 많으니까요. 자신의 고유한 가치는 고용주도 그 누구도 아닌 자신이 높여야 합니다.

대가에 연연하지 않고 일하는 습관은 비단 고용주와 고용인의 관계에서만 적용되는 건 아닙니다. 서비스 업무에서도 똑같은 규칙이 작용합니다. 예를 들어 식료품점이라면 당장 무게를 늘리려고 채소에 물을 뿌리기보다 손님에게 후한 덤을 얹어주는 게 장사에 더 이로운 것과 같은 원리이지요.

당장 몇 푼의 이익보다 손님의 입장에서 생각하는 것이 지혜로운 장사 요령입니다. 동전이 없다는 핑계를 대며 손님들에게 거슬러주어야 할 푼돈을 욕심내다 귀한 고객을 놓치는 어리석은 장사꾼도 있지 않습니까?

피츠버그에서 멀지 않은 머농거힐라 계곡을 오가며 행상을 하던 등짐장수 이야기를 아시나요? 물건을 사면 고맙다는 뜻으로 다른 물건을 얹어주곤 해서 그의 짐가방은 항상 무거웠답니다. 이런 장사 수완이 사람들에게 재미를 주고 입소문으로 퍼지면서 그 등짐장수는 지역에서 모르는 사람이 없을 정도의 유명인이 되었습니다.

그런데 한동안 등짐장수가 보이지 않는다는 소식에 사람들은 궁금해하기 시작했습니다. 그러다 몇 달 뒤 그가 다시 사람들 앞에 나타났을 때, 그는 등짐장수가 아니었습니다. 피츠버그 근처에 번듯한 자신의 상점을 열었으니까요. 왜소한 몸집으로 커다란 짐가방을 들고 다니던 착한 등짐장수가 피츠버그 최대 규모의 백화점 체인을 설립한 사람입니다.

우리는 운이 좋았다고 말하는 사람들을 종종 보게 됩니다. 하지만 그가 어떻게 행운을 얻을 수 있었는지 생각해 본 사람은 많지 않을 겁니다. 자기 몸보다 큰 짐가방을 들고 다니던 등짐장수처럼 눈앞의 이익에 연연하지 않고 보수 이상의 서비스를 제공하겠다는 훌륭한 습관에 가능했다는 것을 마음에 새겼으면 합니다.

찰리 슈왑의 긍정적이고 자발적인 헌신은 결국 그를 성공하게 했습니다. 그의 성공은 전적으로 슈왑 자신이 이뤄냈습니다. 제가 한 일은 그가 마음껏 일할 수 있도록 무엇도 가로막지 않고 격려한 것뿐입니다. 그는 창조적인 아이디어로 제게는 물론 그 자신에게도 엄청난 이익을 가져다주었습니다.

당신이 성공철학의 원칙을 이론으로 정립할 때 이 점을 반드시 강조해 주세요. 삶에서 큰 결실을 맺는 안전하고도 확실한 방법이니까요. 최대한 많은 사람이 자신이 속한 곳에서 꼭 필요한 존재가 되는 방법도 널리 알려주시기 바랍니다.

힐 대가를 바라지 않고 일하는 것이 항상 성공을 보장할까요? 그렇지 못한 경우는 없을까요?

카네기 의식적으로든 무의식적으로든 그런 습관이 있는 사람치고 성공하지 못하는 경우를 본 적이 없습니다. 어떤 직업에서든 성공한 사람들을 조사해 보면 그들은 정해진 시간만큼만 일하는 사람들이 아니라는 걸 알 수 있습니다.

회사에 출근해서 주어진 최소한의 일만 하고선 퇴근만 기다리는 사람은 최저 생활 수준을 벗어나지 못할 겁니다.

성공한 사람들은 어떤 일도 책임지기를 꺼리지 않으며, 쉬운 일을 찾아다니지도 않습니다. 그들은 어떻게 하면 더 적게 일할 것인지가 아니라, 자발적으로 자기 일을 즐기는 쪽을 선택한 사람들입니다.

힐　카네기 씨를 성공으로 이끈 것이 바로 이런 습관이었나요?

카네기　맞습니다. 그렇기에 이러한 성공철학을 논할 수 있겠지요. 대가에 연연하지 않고 일하는 습관은 일용직 노동자였던 때부터 지금까지도 변함없이 실천하고 있습니다.

열일곱 가지 성공의 원칙 중 어떤 것이 가장 도움이 되었는지 묻는다면 단호히 '보상을 바라지 않고 일한 것'이라고 말할 수 있습니다. 물론 이것이 전부는 아니지만요. 열여섯 가지의 다른 원칙들과 결합하면 큰 성공을 이룰 수 있을 겁니다.

앞서 언급한 '명확한 목표'와 '보상을 바라지 않고 일하는 습관'의 결합이 왜 중요한지 생각해 볼까요? 보상을 생각하지 않고 일하려면 먼저 목표가 명확해야 합니다. 직장인이라면 모든 수단을 동원해서라도 승진하기 위해 애를 씁니다. 이 과정이 다른 사람들에게도 좋은 영향을 미치고 조직에 이익까지 가져온다면 금상첨화겠지요. 앞에서 설명한 것처럼 보수 이상의 노동력을 제공하는 습관은 누가 시키지 않아도 자발적으로 일하는 훈련이 됩니다.

계약 내용보다 더 일하는 것을 말릴 사람은 아무도 없겠지요. 더구나 그것을 즐겁게, 기꺼이 한다면 좋게 보지 않을 이유가 있을까요? 그것은 다시 말해 노동을 제공하는 사람이 가질 수 있는 일종의 특권이 될 수도 있습니다.

힐   충분한 교육을 받지 못한 노동자들의 경우는 어떻습니까? 이들이 교육을 많이 받은 사람들과 동등한 기회를 얻어야 한다고 생각하시나요?

카네기   교육이 잘 되어 있다는 것은 자신의 목표를 체계적으로 구체화해 업무에 적용하고, 또 문제가 발생했을 때 해결할 능력을 갖춘 것을 말합니다.

교육을 지식의 습득으로만 이해하는 경우가 있는데, 진정한 교육이란 지식을 사용하는 방법을 배우는 것입니다. 걸어 다니는 백과사전이라 불릴 만큼 아는 것이 많은데도 활용하는 능력이 부족해 직장 생활을 잘하지 못하는 사람도 있으니까요.

흔히 학력과 교육을 같은 의미로 생각합니다. 학력이 다양한 지식의 습득과 유용한 정보의 수집을 가능케 해주지만 그것이 완전한 교육이 되지는 않습니다. 교육은 스스로의 자아 발전을 통해 완성됩니다.

토머스 에디슨은 학교를 3개월밖에 못 다녔지만, 자기 생각을 정립하고 활용하는 방법을 터득했고 위대한 발명가가 될 수 있었습니다. 그는 발명에 필요한 기술 지식을 마스터 마인드 연합을 통해 얻었습니다.

그에게는 화학, 물리, 수학 등 다양한 분야의 과학 지식이 필요했는데, 그 모든 지식을 다 알아둘 필요는 없었습니다. 어떤 지식을 어떻게 발명에 활용할지는 잘 알고 있었지요. 다시 말해, 다양한 지식을 습득하는 것도 좋지만, 필요한 지식을 어디에서 찾고 어떻게 활용할지 아는 것이 더욱 중요하다는 뜻입니다.

낮은 학력 때문에 성공할 수 없었다고 말하는 사람들이 있지만, 이는 핑계일 뿐입니다. 의지가 있다면 낮에 일하고 밤에 공부할 수 있으며, 저렴한 비용으로 통신 강의를 듣는 것도 가능하지요. 학력 때문에 기회가 주어지지 않았다는 부정적인 생각을 하기 전에, 자신이 나태하고 인내심이 모자랐던 것은 아닌지 돌아봐야 합니다.

저 역시 학교에 다니지 못했습니다. 처음부터 주어진 어떤 배경도 조건도 없었지만 단 한 가지 명확한 목표가 있었습니다. 앞으로 더는 가난하게 살지 않겠다는 각오였지요. 가난한 삶에서 부유한 삶으로 변화시키겠다는 생각이 확고했습니다. 저는 불행히도 우리 수많은 젊은 노동자 중에서 저와 같은 확고한 각오를 가진 사람을 본 적이 없습니다.

힐 　　 교육의 본질은 지식의 습득이 아닌 실천에 있다는 말씀인가요?

카네기 　　 네, 그렇습니다. 대학을 졸업한 사람 중에 자신이 대학에서 배운 지식을 중요하게 생각하지 않는 경우가 있는데, 이는 잘못되었습니다. 대학에서 배운 지식에 현장에서 배우는 경험이 더해진다면 교육의 효과가 극대화되기 때문입니다.

만약 지식과 경험을 하나로 합친 상태에서 주어지는 대가보다 더 많이 더 열심히 일하는 사람이라면 더 많은 책임이 따르고 많은 보수가 보장되는 승진의 기회가 주어질 가능성이 높겠지요. 하지만 이런 습관이 없다면 학력이 높다 하더라도 학력이 낮은 사람들보다 좋은 기회를 얻기는 어렵습니다.

힐 　　 학력이 기회를 얻는 일과 무관하지는 않다는 말씀이군요.

카네기　자발적으로 많은 일을 하는 직원 중 고학력자의 비중을 조사해 보았습니다. 그들은 앞서 말한 것처럼 자신들이 대학에서 배운 지식을 그들의 일하는 습관에 결합하여 훨씬 더 질 좋은 노동을 제공하며 남들보다 빨리 승진할 수 있었습니다. 대학에서 배운 지식을 통한 사고의 훈련은 무척 중요합니다.

힐　열심히 일했을 때 얻을 수 있는 혜택에 대해 직원들에게 어떻게 알리고 계십니까?

카네기　자연스럽게 알려지는 경우가 대부분입니다. 간혹 이런 습관의 장점을 가르치는 게 낫지 않을까 생각한 적도 있었습니다. 하지만 월급을 더 많이 주지 않으면서 일만 더 시킨다는 오해가 생길 것 같아서 하지 않았지요. 상당수의 노동자들이 고용주가 그들의 발전을 위해 하는 노력을 잘 믿지 않으려 하니까요.

저보다 더 똑똑한 사람이라면 월급보다 더 많은 노동력을 제공하는 습관에서 발생하는 이점에 대해 노동자와 고용주 모두를 납득시킬 방법을 찾을 겁니다. 그것은 양측 모두에게 동일하게 적용돼야 하며, 노동자의 이해와 협조가 이루어진 상황에서 시작되겠지요. 자발적으로 일한다는 것은 전적으로 노동자들에게 달린 문제니까요. 현명한 직원이라면 이 원칙을 자발적으로 적용할 수 있을 겁니다.

저희 마스터 마인드 연합은 자발적으로 일하기 위해 모인 사람들입니다. 이 습관이 몸에 밴 사람은 어느 곳에서든 꼭 필요한 사람이기에 자신의 월급과 직책을 결정할 수 있습니다.

힐   보수 이상의 일을 하는 직원에게 그에 상응하는 보수를 주지 않는 고용주도 있겠지요?

카네기   물론 적절한 보수를 주지 않는 이기적이고 근시안적인 고용주도 있습니다. 하지만 보수 이상으로 일하는 사람이라면 다른 고용주의 눈에는 반드시 띌 겁니다. 많은 고용주가 그러한 인재를 늘 찾고 있으니까요.

보수를 생각하지 않고 일하는 데서 생기는 이점을 잘 아는 사람이라면 고용주가 무엇을 원하는지도 잘 알 겁니다. 설사 고용주의 마음은 모르더라도 고용주들이 찾는 서비스가 무엇인지 곧 이해하게 될 겁니다.

찰리 슈왑은 저를 찾아와서 "저는 지금 월급보다 훨씬 많이 일하고 있습니다."라고 말하지 않았습니다. 그가 그렇게 일하는 모습이 저절로 제 눈에 들어왔을 뿐이지요.

마음을 다해 자신의 능력을 쏟아부어 일하는 직원이 많다면 성공한 회사입니다. 저는 보상을 바라지 않고 열심히 일하는 사람들을 철저히 조사한 뒤에 핵심 멤버로 발탁했습니다.

성공한 기업가 대부분이 이러한 과정을 거쳐 성공을 이루어냈습니다. 고용주와 종업원 모두가 자신이 제공하는 서비스의 양과 질, 마음가짐에 따라 평가받습니다.

에머슨은 "실행하라, 그러면 힘을 얻으리라."라고 말했습니다. 이것은 일에서만이 아니라 인간관계에서도 그대로 적용됩니다. 다른 사람을 도움으로써 힘을 얻게 됩니다. 바로 사람들을 끌어당기는 힘이지요. 보상은 더욱 증대되어 돌아온다는 보상 증가의 원칙을 통해 추진력을 얻게 됩니다.

힐 샐러리맨이 아닌 의사나 변호사, 자영업자의 경우는 어떻습니까? 보상을 바라지 않고 일하는 습관을 그들에게도 적용할 수 있을까요?

카네기 네, 똑같이 적용할 수 있습니다. 성공한 사람들을 살펴보면 어떤 일에서든 호의를 베푼다는 것을 알 수 있습니다. 호의를 쌓는 가장 좋은 방법은 기대 이상의 서비스를 제공하는 것입니다. 이런 사람에게는 도움을 주려는 친구들도 많습니다. 물건을 팔 때 포장하는 일이 번거로울 수 있습니다. 하지만 정성 어린 마음으로 포장한다면 단골이 한 사람 늘어날 수도 있겠지요.

의사나 변호사 같은 전문직의 경우, 이런 습관이 업무 면에서 다른 의사나 변호사보다 덜 효율적일 수 있습니다. 하지만 매력적인 성품을 계발하여 활용하면 환자 또는 의뢰인의 신뢰를 얻을 수 있습니다. 대부분의 사람이 변호사나 의사를 선택할 때 주변 사람들에게 조언을 구합니다. 그때 가장 먼저 하는 질문이 "그 사람 어떤 사람이야?"입니다.

생명보험을 들 때 90%의 사람이 계약서를 읽지 않는다고 합니다. 보험설계사를 믿고 계약하는 것이지요. 잘나가는 보험설계사를 아는데, 자신이 성사시키는 보험 계약 대부분이 기존 계약자가 소개해 준 것이라고 하더군요.

친절과 신용이 모든 성공의 필수사항이라는 사실을 알고 계시지요? 둘 중 하나라도 부족하면 평범하게 살아갈 수밖에 없습니다.

관습에 얽매이지 않고 양질의 서비스를 제공하는 것은 관계 형성에 가장 좋은 방법입니다. 남는 시간을 활용해 업무 능력을 자진해서 훈련하는 것도 자기계발입니다.

힐   당신의 개인적 경험과 다른 사람을 관찰한 것에서 비롯된 결과입니까?

카네기   꼭 그런 것만은 아닙니다. 저는 이 원칙을 자연의 원리에서도 찾았습니다. 예를 들어볼까요?

봄이 되면 과일나무에 꽃이 만발합니다. 바람이나 태풍을 뚫고 최대한 많은 열매를 맺기 위해 나무는 최대한 많은 꽃을 피워내지요. 자연의 원리입니다.

나무가 힘을 다해 피워낸 꽃들이 달콤한 향기를 뿜으면, 벌들이 찾아와 이 꽃에서 저 꽃으로 부지런히 옮겨 다니며 꽃가루를 퍼뜨려줍니다.

이 모든 것은 자연이 만든 놀라운 생산 과정입니다. 조화로운 협력 속에 각자가 최선을 다한 결과, 나무는 풍성한 열매를, 벌들은 꿀을 얻어 생명을 지켜나갑니다.

바닷속 물고기, 하늘을 나는 새, 연못 속의 개구리 등 모든 생명체가 최선을 다해 저마다의 목적을 위해 헌신합니다. 모든 생명체가 살아남기 위해, 원하는 것을 얻기 위해 최선을 다하지 않았다면 모든 생물은 사라졌을 겁니다.

우리는 자연에서 두 가지 법칙을 발견할 수 있습니다. '보상의 법칙'과 '보상 증가의 법칙'이지요.

농사를 예로 들면, 쟁기로 땅을 갈아 고르고 씨를 뿌립니다. 때마다 거름도 줘야 하고요. 즉시 보상이 주어지지 않는 길고 수고로운 과정입니다. 자연의 원리에 따라 씨앗이 제 몸에서 싹을 틔우고 무럭무럭 자라나 풍성한 알곡을 여물게 하는 동안, 농부는 매일매일 대가 없는 노동을 이어갈 뿐입니다.

자연이 농부에게 보상을 주는 것은 시간이 흐른 뒤입니다. 묵묵히 열심히 일한 농부라면 '보상의 법칙'과 '보상 증가의 법칙'에 따라 풍성한 곡식을 거둬들이게 됩니다.

힐 오늘날 우리가 이렇게 문명화된 사회에서 사는 것 역시 자연의 힘이라는 생각이 듭니다.

카네기 정글의 동물들이 별다른 노력 없이 살아간다고 생각하겠지만, 자세히 살펴보면 그렇지 않습니다. 앞서 꿀벌을 예로 들었지만 모든 생명체는 먹이를 얻기 위해 쉬지 않고 일을 하지요. 사람도 마찬가지입니다. 먹이를 얻기 위해 있는 힘껏 일해야 하는 것은 동물과 다를 바 없지요. 하지만 인간은 지성을 통해 자연을 인간에게 유리하게 활용함으로써 문명을 일구어냈습니다. 더 높은 지식을 추구하는 지성 역시 자연이 인간에게 준 특권입니다.

힐 보수 이상으로 많은 일을 하는 습관은 우리가 반드시 지켜야 할 성공 원칙이라고 생각합니다. 카네기 씨도 그런 습관으로 이익을 얻은 경험이 있으시겠지요? 그 이야기를 좀 들려주시겠습니까?

카네기 부담스러운 주문이지만, 우선 제가 거둔 물질적인 부와 사회적 성공은 습관을 실천했기에 가능했다는 점을 말씀드립니다.

제 인생에 있었던 특별한 추억 한 가지를 들려드리지요. 가장 극적이고 위험천만한 사건이었다고 해야겠군요. 제 선택이 어떤 결과를 가져올지 전혀 짐작할 수 없는 상황에서 결단을 내려야 했던 엄청난 모험이었습니다.

저는 소년 시절 피츠버그 전화국에서 전보 배달부로 일하며, 밤에는 전신기술을 독학했습니다. 그 일을 배우라는 사람도 없었고, 수입이 더 생기는 일도 아니었습니다. 업무차 전화국을 가끔 방문하던 펜실베이니아 철도회사 중역 토머스 스콧 씨는 이런 저를 기특하게 여겨 전신기사로 그의 회사에서 일할 수 있게 해주었습니다.

여느 때처럼 다른 직원들보다 일찍 회사에 출근한 어느 날 아침, 열차 사고가 일어나 뒤따르는 열차들의 운행마저 마비되고 말았습니다. 사무실에 들어서니 배차원은 놀라 어쩔 줄을 몰라 했고, 저는 스콧 씨에게 전화 연락을 했습니다. 하지만 스콧 씨는 집을 나선 다음이라 연락이 되지 않았지요. 위급한 상황에 누군가는 대처해야 했지만, 잘못했다가 어렵게 얻은 직장을 잃거나 큰 책임을 져야 할지도 몰라 모두가 우왕좌왕했습니다.

머뭇거릴 시간이 없었습니다. 저는 재빨리 머릿속으로 내가 사장이라면 어떤 행동을 취할 것인지 그려보았습니다. 그리고 결단을 내려 행동했지요. 운행이 멈춘 수많은 기차의 진로를 열어주기 위해 기차 노선을 재조정하라는 운행명령을 사장의 이름으로 역마다 내려보냈습니다.

그리고 사장에게는 상황을 정리한 보고서를 제출했습니다. 사직서와 함께 말이지요. 사장의 이름으로 운행명령을 내린 것은 크나큰 직권남용이었고, 회사 규정 위반이기도 했습니다.

두 시간 뒤 판결이 내려졌지요. 사장의 친필로 '사직서를 반려함'이라고 적혀 있었습니다. 며칠 뒤 사장을 만났을 때 그는 제게 말했습니다.

"인생에서 발전하지 못하는 사람은 두 가지 유형이네. 하나는 시키는 일을 제대로 하지 않는 사람이고, 다른 하나는 시키기 전에는 아무 일도 하지 않는 사람이라네."

그 일로 저는 위기관리 능력을 인정받고 신임을 얻었습니다. 제가 전신기술을 배워 두지 않았다면 운행명령서를 작성해 다른 역에 알리는 일은 할 수 없었을 겁니다. 또 사장이 도착하기까지 일은 더욱 커져 있었을 겁니다.

저는 규정을 어겼지만 신속한 결단으로 문제를 해결했습니다. 융통성 없는 원칙 위에서 성공하는 비즈니스는 없지요. 규칙은 깨뜨리라고 만들었다는 말도 있으니까요.

Think
And
Grow
Rich

STEP
6

계획적인 노력을

아끼지 마라

66

명확한 계획에 기반을 둔 행동은 많은 사람들의
무질서한 노력보다 성공할 가능성이 무척 큽니다.
유능한 리더십은 계획적인 개인의
노력 없이는 불가능합니다.
리더와 추종자의 차이점은,
리더는 신중하게 계획하여 남의 말에 휘둘리지 않고
자신의 독창성을 시행한다는 것이지요.

99

이 장에서는 성공한 사람들이 가진 특징에 대해 분석할 것이다. 개인의 성공에서 목표의 명확성 못지않게 중요한 요건 한 가지는 독창성이다.

독창성 없이는 어떤 분야에서도 두드러진 성공을 이룰 수 없다.

미국은 모든 산업 분야에서 개인의 독창성을 강조했고, 그 결과 세계의 산업을 선도하며 부강하고 자유로운 국가를 이루었다.

'계획적인 노력'이라는 주제는 개인이 가진 의무와 권리를 유익하게 사용하는 방법을 다룬다. 어떤 특권이나 유리한 조건이 주어졌을 때, 명확한 계획과 행동으로 조직화해야만 그것을 효과적으로 사용할 수 있게 된다.

명확한 목표의 달성을 위해 개인의 독창성을 계획적으로 사용하는 앤드류 카네기의 방법론을 들어보자.

힐　　계획적인 노력이 성공의 열일곱 가지 원칙 중 여섯 번째 원칙이라고 말씀하셨습니다. 이 원칙이 개인의 성공과 어떻게 연관되어 있는지 설명해 주십시오.

카네기　　개인의 독창성은 목표와 계획을 구체적인 행동으로 옮기게 하는 에너지로서, 인간이 가진 최악의 단점인 우유부단함과 대척점에 있습니다.

성공하는 사람은 곧 행동하는 사람입니다. 단, 실행 없이는 독창적인 행동도 있을 수 없지요.

행동에는 두 가지 유형이 있습니다. 하나는 필요에 의해 일어난 행동이며 다른 하나는 자유의지로 하는 행동입니다. 리더십은 자유의지로부터 생겨나는 것으로, 자신의 동기와 욕구에 반응하는 행동의 결과로 나타납니다.

힐　　개인의 독창성이 우리 사회의 구성원 모두에게 부여된 일종의 특권이라고 할 수 있습니까?

카네기　　맞습니다. 독창성을 훈련함으로써 평범한 사람이 특정 산업 분야에서 중요한 비중을 차지하게 되는 일도 가능하게 됩니다. 제가 세일즈맨에서 세계 최대 철강기업의 소유주가 된 것처럼 말이지요.

좋은 기업은 업무의 개선이나 성과 증진을 위해 자신의 독창성을 발휘하는 개인의 소질을 알아보고, 그들의 기여에 걸맞은 보상을 제공합니다.

힐   독창성이 모든 개인의 성공에 디딤돌이 된다는 말씀이신가요?

카네기   네, 독창성 없이 성공한 사람은 없습니다. 계획적으로 노력하는 사람은 명확한 목표가 없는 사람보다 앞서 나갈 수 있습니다.

힐   큰 성공을 거둔 리더들의 리더십에는 그들이 개발하고 삶에 적용한 분명한 특징들이 있을 거로 생각합니다. 리더십의 핵심이 된다고 생각하는 특성들을 정리해 주시겠습니까?

카네기   제가 경험하고 관찰한바 모든 성공한 리더는 리더십의 특징이 있었습니다. 누구든 어느 정도의 지적 수준만 갖추었다면 리더십의 특징을 계발하여 사용할 수 있을 겁니다.

성공한 사람들의 리더십 특징
• 명확한 목표 선정과 이를 달성하기 위한 명확한 계획

- 목표를 향한 지속적인 추구를 이끌 적절한 동기의 선택
  - 명확한 동기 없이 위대한 성공은 불가능하다.
- 목표 달성을 위한 힘을 주는 마스터 마인드 연합
  - 생계를 유지하는 수준으로는 만족할 수 없다.
  - 위대한 성취는 명확한 목표를 향한 협력의 결과이다.
- 독립심은 목표의 성질과 범위에 비례
  - 노력, 독창성, 판단력 없이는 성공이 불가능하다.
- 머리와 가슴으로 체득된 자제력
  - 자신을 다스리지 못하면 남도 다스릴 수 없다.
  - 리더십에서 예외 없는 규칙이다.
- 인내심
  - 시작은 잘하나 끝을 보지 못하는 사람이 많다.
  - 포기가 빠른 사람은 발전할 수 없다.
- 풍부한 상상력
  - 유능한 리더는 끊임없이 목적 달성을 위한 새로운 아이디어와 기회를 모색한다.
  - 구태의연한 관습을 좇는 사람은 리더가 될 수 없다.
- 명확하고 신속한 결단력
  - 우유부단한 사람은 리더가 될 수 없다.
- 사실에 근거한 판단
  - 유능한 리더는 확실한 논거만을 믿는다. 판단하기 전에 사실

을 확인하고, 확인한 후에는 신속하고 정확하게 움직인다.

- 열정을 일으키고 그것을 최종 목표를 향해 끌고 가는 능력
  - 통제되지 않은 열정은 없는 것보다 못하다.
  - 열정은 전염된다. 추종자들은 리더의 열정을 배운다.
- 공명정대함
  - 사람은 정의로운 지도자에 반응한다.
  - 좋은 것만 즐기려는 습관은 리더십에 치명적이다.
- 열린 마음
  - 폐쇄적인 사람은 동료의 신임을 얻지 못한다.
  - 신뢰에 바탕을 두지 않은 위대한 리더십은 있을 수 없다.
- 보수 이상의 일을 기꺼이 하는 습관
  - 리더의 자발적 습관은 추종자들의 이타성을 자극한다.
  - 유능한 리더는 추종자들보다 더 많이 일한다.
- 말을 재치 있게 하는 감각적 수완
  - 퉁명스러운 말투를 좋아할 사람은 없다.
- 많이 듣고 적게 말하는 습관
  - 자기 일을 잘 아는 리더는 타인의 의견을 듣는 일의 가치를 안다.
  - 귀와 눈은 두 개, 입은 하나뿐인 것은 한 번 말할 때 두 번 들으라는 의미일 것이다.
- 관찰력

- 성공하는 리더는 작은 사항에도 주목하는 습관이 있다. 모든 비즈니스는 세부 사항의 합성물이다.
- 자기 책임하의 모든 업무를 세부 사항까지 파악하지 못하는 사람은 성공적인 리더가 아니다.
- 사소해 보이는 세부 지식이 승진에는 필수적이다.

• 결단력
- 성공하는 리더는 패배를 통해 배우며, 변명하지 않고 다시 노력한다.
- 책임을 수용하고 이행하는 능력은 성취보다 유익하다. 이 능력은 모든 비즈니스에서 매우 중요하며 자발적으로 책임을 질 때 더 큰 이익을 얻는다.

• 분노하지 않고 비난을 견디는 능력
- 질책에 분노하는 사람은 성공하는 리더가 될 수 없다. 진정한 리더란 수용하는 자세를 가진 사람이다. 진정 위대한 사람은 비난에 흔들리지 않고 끊임없이 나아간다.

• 먹고 마시는 모든 습관의 절제
- 자신의 식욕도 조절하지 못한다면 타인을 통제할 수도 없다.

• 성실함
- 성실함은 비즈니스 동료들에게 그대로 전달된다.
- 불성실은 경멸을 낳는다. 자신을 먹여준 사람의 손을 깨무는 사람은 결코 성공할 수 없다.

- 거짓 없는 태도
  - 유능한 리더들은 속임수를 절대 쓰지 않는다.
- 사람을 움직이는 아홉 가지 기본 동기와 친숙하기
  - 사랑의 감정, 섹스의 감정, 경제적인 이익의 욕구, 자기 보호 욕구, 심신의 자유에 대한 욕구, 자기표현의 욕구, 영생의 욕구, 분노, 공포의 감정을 이해한다.
  - 사람들이 반응하는 동기를 활용하지 못하는 사람은 성공적인 리더가 될 수 없다.
- 타인의 자발적인 협력을 유도하는 매력적인 성품
  - 3장에 나오는 매력적인 성품 목록을 참조하라.
  - 완전한 리더십은 다른 이의 공감을 불러일으키는 친화력 있는 세일즈맨십을 토대로 한다.
- 한 번에 한 주제에 집중하는 능력
  - 집중력은 탁월한 힘을 발휘한다.
  - 무엇이든지 다 할 줄 아는 사람은 특출난 재주가 없다.
- 자신과 타인의 실수를 통해 배우는 습관
- 아랫사람의 실수를 책임지려는 태도
  - 책임을 다른 사람에게 전가하는 행위만큼 리더십을 파괴하는 것도 없다.
- 타인의 장점을 인정하는 습관
  - 훌륭하게 일을 처리했을 때, 보상보다 자신의 능력을 인정

받고 싶어 한다. 성공한 리더는 부하를 믿으려고 애쓴다.

• 모든 인간관계에서 황금률을 적용하는 습관

   - 예수의 산상수훈(《성경》〈마태복음〉 5~7장에 기록되어 있는 산상설교)

    은 모든 시대를 관통하는 고전이다.

   - 협력을 얻을 수 있는 모든 방법이 여기에 있다.

• 긍정적인 마음가짐

   - 불평만 하는 사람을 좋아할 사람은 없다.

   - 세상과 다투는 사람은 결코 유능한 리더가 될 수 없다.

• 맡은 일을 완전히 책임지려는 습관

• 예민한 균형 감각

   - 감정적 요소에 끌리지 않고 건전한 판단에 따라 평가하는

    능력을 갖추고 있다.

   - 어느 것을 먼저 할지 빠르게 결정하는 습관이 있다.

힐   리더십의 특징을 살펴보니 성공하는 리더십은 대체
로 마음 상태나 마음가짐과 관련이 있는 것 같네요.

카네기   마음가짐이 중요하지만 리더십의 전부는 아닙니다.
성공하는 리더는 자기 인생의 목표와 일이 무엇인지 정확히 알
고 있습니다. 자신의 업무를 남들과 비슷한 정도로만 파악하는
사람을 리더로 따르지는 않습니다.

힐   누구든 성공적인 리더가 될 수 있을까요?

카네기   그렇지 않습니다. 리더가 되기를 열망하는 사람이 생각보다 무척 적습니다. 리더십에 따르는 책임에 부담감을 가지기 때문이지요. 그리고 성공적인 리더십에 도달하려는 특별한 노력을 기울일 마음가짐이 부족하기도 하고요.

힐   성공한 리더가 되도록 격려하는 가장 효과적인 방법은 무엇입니까?

카네기   사람은 동기에 의해 움직입니다. 따라서 리더십의 특징들을 마음에 각인시키면 명확한 동기를 심을 수 있지요. 사람들은 부를 획득하거나 성공을 이루려고 할 때 흔히 경제적인 이익을 추구하려는 욕구를 사용합니다. 이 욕구를 말살하면 기업가의 창조적 능력, 즉 국가 자원에도 크나큰 타격을 입게 됩니다.

힐   부자가 되려는 욕구를 이용해 리더십을 계발한다는 말씀인가요?

카네기   꼭 그런 것만은 아닙니다. 훈련과 창조를 통해 리더십을 계발하는 사람이 더 많지요. 하지만 경제적으로 안정되면 성공에 대한 자부심 때문에 동기가 부여되지요.

사람은 누구나 세끼 식사를 하고, 옷을 입고, 집에서 잡니다. 이러한 의식주 문제가 해결되고 나면 성공하고 인정받고자 하는 욕구가 생겨납니다. 사람이라면 성공하고 싶은 게 당연하니까요. 부자 중에는 구두쇠도 있긴 하지만, 자선을 베푸는 사람이 더 많습니다.

힐   재물은 어떻게 사용하느냐에 따라 축복도 저주도 될 수 있겠지요?

카네기   그렇습니다. 존 D. 록펠러를 살펴볼까요? 록펠러는 엄청난 재산을 모았지만, 그 돈을 모두 유용한 산업 육성과 자선사업에 썼습니다. 덕분에 수천 명에 달하는 사람이 일자리를 얻을 수 있었지요.

그의 재산은 록펠러 재단을 통해 인류를 위해 쓰였으며, 질병과 싸우고, 인류를 위협하는 세력을 견제하는 데 기여하고 있습니다. 또한, 과학과 학문 연구를 지원하여 그 혜택이 여러 세대에 걸쳐 전해지고 있습니다.

힐   록펠러가 개인의 독창성으로 이룩한 성과가 미국을 부강하게 만든 건가요?

카네기　미국만이 아닙니다. 전 세계 사람이 그의 독창성과 마음가짐으로 이익을 얻고 있습니다. 이 시대에 필요한 것은 소수의 록펠러 같은 개인이 아니라, 그가 가졌던 생각을 모든 사람이 공유해야 한다는 것입니다.

제임스 J. 힐을 살펴볼까요? 그의 독창성으로 대륙횡단 철도가 건설되자 광대한 지역이 개발됐고, 대서양과 태평양이 만날 수 있었습니다.

한 사람의 독창성으로 미국의 경제가 얻은 이익을 돈으로 환산한다면 천문학적인 금액이 될 겁니다.

힐　카네기 씨 역시 같은 범주에 속하는 분 같습니다. 당신의 독창적인 생각이 미국에 가져온 부를 평가해 주시겠습니까?

카네기　질문하셨으니 말씀드리겠습니다. 제 동료들이 경제적으로 더 나은 철강 생산방법을 찾아냈기 때문에 미국에는 수많은 고층 건물이 지어질 수 있었습니다.

아시다시피 현대의 고층 건물은 강철 프레임을 사용하지 않고는 완성할 수 없지요. 그런데 철강 자재의 가격이 제가 철강 제조업에 발을 들였던 당시의 가격 그대로였다면 비용 문제로 인해 고층 건물은 꿈도 못 꿨을 겁니다. 우리는 예전과 비교할 수 없는 고품질의 자재를 낮은 단가로 생산해서 내구성이 약한 목재와 주철을 강철로 대체할 수 있게 했습니다.

철강업에 뛰어들 당시 톤당 130달러에 달하던 강철 가격을 우리는 20달러까지 낮추었습니다. 또한, 품질 향상을 거듭하여 현재에도 다양한 분야에서 사용되고 있습니다.

힐   부를 추구하는 것이 당신의 동기였나요?

카네기   아니요. 저는 사람들이 자신과 다른 이들을 위해 부를 유익하게 사용하는 걸 중요하게 생각했습니다.

아실 테지만 저는 40명이 넘는 백만장자를 탄생시켰는데, 그들 상당수는 평범한 노동자로 출발해 저와 함께 일해온 사람들이었습니다. 그들 모두 큰 부자가 되었다는 사실은 그다지 중요하지 않습니다. 함께 돈을 벌면서 그들 한 사람, 한 사람이 미국의 위대한 자산이 되었다는 데 더 큰 의미가 있지요. 그들의 독창성을 자극함으로써, 그들이 미국의 중요한 산업 시스템 개발에 공헌할 수 있도록 했으니까요.

그들은 소유한 부를 금액의 가치 이상으로 사용할 수 있었습니다. 그리고 저처럼 수천 명에게 일자리를 제공했고요.

말씀드렸듯이 부는 물질적인 것에 인간의 경험이 적절히 혼합되어 있습니다. 중요한 점은 그것이 인간의 두뇌, 경험, 개인적인 독창성과 관련이 있다는 것입니다. 이러한 자질 없이 돈을 소유하는 것은 의미가 없습니다.

힐 그렇다면 언제 어떤 상황에서 개인의 독창성이 발휘되는지 알려주시겠습니까? 독창성이 활발하게 발휘되는 환경과 사람을 나태하게 만드는 환경이 있을 것 같습니다.

카네기 독창성이 나타나는 때는 성취하려는 것에 대한 명확한 결정이 내려지는 순간입니다.
선택한 계획이 효과적이지 않다면 더 나은 것으로 대체할 수 있습니다. 우물쭈물하는 습관은 실패를 불러오기 때문에 차라리 부족한 계획이라도 바로 시작하는 것이 낫습니다.

힐 중요한 계획을 시작하는 이들에게 어떤 조언을 들려주시겠습니까?

카네기 많은 사람이 저마다 의견을 내놓지만 다 믿을 수는 없습니다. 자신의 독창적인 생각을 실행하기에 앞서 다른 이들의 의견을 구하려고 머뭇거린다면 실패하기 마련이지요.
물론 예외는 있습니다. 다른 이의 자문이나 충고가 성공에 필요할 때가 있기도 하지요. 그러나 방관자들의 가치 없는 견해에 큰 기대를 하지는 마십시오. 전염병을 피하듯이 방관자들도 멀리해야 합니다. 그들은 아무 데도 쓸모가 없습니다. 진정으로 필요한 조언을 받고 싶으면 그 분야의 권위자를 찾아가십시오. 아직도 기억이 생생합니다. 제가 철강 가격을 톤당 20달러로 내리려 하자 많은 사람이 이렇게 말했습니다. "머지않아 망하겠군." 묻지도 않았는데 내키는 대로 지껄이더군요. 저는 그들을 무시하고 제 계획을 밀고 나갔습니다.

헨리 포드가 자동차를 1,000달러 이하의 가격에 팔겠다고 하자 그러면 망한다고 아우성치는 사람들이 많았습니다. 하지만 포드는 계획을 진행했고, 미국에서 가장 위대한 인물이 되었습니다.

콜럼버스가 작은 배를 타고 지도에도 없는 바다를 건너 인도로 가는 신항로를 발견하겠다고 하자, 의심 많은 사람들은 그가 미쳤다며 결코 돌아올 수 없을 거라고 큰소리쳤습니다. 하지만 그는 돌아왔습니다.

코페르니쿠스가 눈에 보이지 않는 감춰진 세계를 볼 수 있는 현미경을 발명했다고 하자 모두 야유를 퍼부었습니다.

알렉산더 그레이엄 벨이 전화기를 발명했다고 하자, 사람들은 "드디어 미쳤군."이라는 반응을 보였습니다. 그러나 벨은 '적당한 때'를 기다리는 대신, 자기 생각을 실행에 옮겨 끝내 완성했습니다. 남의 독창성을 깎아내리기 위해 제멋대로 지껄이는 사람들은 이렇게 외칩니다. "넌 할 수 없어!"

사람들은 아무도 시도하지 않은 분야에 대한 성취라는 개념을 이해할 수 없었던 겁니다. 저의 충고를 새겨듣는다면 앞으로 자신의 독창성에 대한 올바른 판단력을 갖게 될 겁니다.

원하는 성공을 거두었을 때, 세상은 당신에게 영광의 관을 씌워 주고 발아래에 금은보화를 가져다 놓을 것입니다. 그러나 위험을 감수하면서 당신의 생각이 옳았음을 증명하기 전까지 결코 당신을 인정하지 않습니다.

남들이 지금은 시기가 적당하지 않다고 말해도 기죽지 마십시오. 시간은 자신이 원하는 것을 알고 있는 사람, 그것을 향해 달려가는 사람에게 때가 되면 모든 것을 이루게 해줍니다.

세상은 개인의 성공철학을 필요로 합니다. 전진하십시오. 오랜 시간 감내해야 할 희생이 있겠지만 지금 필요한 일을 하십시오.

힐   잘 알겠습니다. 저 역시 도전하고 싶다는 희망이 생기는군요.

카네기   제 생각이 자라나는 세대에 도움이 되었으면 합니다. 세상은 자신만의 독창성으로 무장한 사람을 필요로 합니다. 이러한 사람들은 자신의 가치를 스스로 매기고, 세상은 기꺼이 그 값을 지불합니다.

힐　　모든 이에게 고르게 주어질 만큼 개인의 성공 기회가 충분하다고 보시는 건가요?

카네기　　물론입니다. 세상에는 야망과 능력을 펼칠 기회가 많습니다. 하지만 기회는 사람을 기다려 주지 않습니다. 계획적인 노력을 통해 자신의 것으로 만들어야 합니다. 가장 훌륭한 기회는 자신의 노력을 계획적으로 이용하는 사람만이 잡을 수 있습니다.

힐　　'계획적인 노력'이라는 말의 의미를 잘 이해하지 못한 사람들이 있을 텐데요, 자세히 설명해 주시겠습니까?

카네기　　이 원칙은 분명한 절차로 구성되어 있습니다. 그 과정을 통과하면 원하는 지위와 바라는 재물을 얻을 수 있습니다. 그 단계는 다음과 같습니다.

계획적인 노력의 과정
- 명확한 목표나 대상의 선택
- 목표 달성을 위한 계획 세우기

- 계획을 수행하려는 지속적인 행동
- 계획에 협력하려는 사람들과의 연합
- 자신의 독창성으로 움직이기

명확한 계획에 기반을 둔 행동은 많은 사람들의 무질서한 노력보다 성공할 가능성이 무척 큽니다.

유능한 리더십은 계획적인 개인의 노력 없이는 불가능합니다. 리더와 추종자의 차이점은, 리더는 신중하게 계획하여 남의 말에 휘둘리지 않고 자신의 독창성을 시행한다는 것이지요.

잠재적인 리더는 자신의 결정에 따라 일을 계획하며 독창적으로 계획을 시행하는 사람입니다. 그들 속에서 리더십의 필요조건들을 발견하게 되지요.

힐　　천재의 특징은 무엇입니까? 리더는 대다수의 사람이 갖지 못한 천재적인 능력을 가진 축복받은 사람들이 아닐까요?

카네기　　많은 사람들이 그런 오류에 속고 있습니다. 천재라는 단어로 너무 쉽게 표현하지만, 무엇이 성공을 가져오는지 이유를 찾지 못할 경우에 하는 말입니다.

성공의 원인을 분석하며 알게 된 사실은 그들 역시 평범한 사람이지만, 자신이 처한 형편에서 벗어나 목표하는 곳으로 가기 위해 일정한 규칙을 찾아내고 그것을 적용했다는 것입니다.

사람은 누구나 천재성을 가지고 있는데, 이는 일종의 노력과 같은 것으로서 개인의 선호도, 타고난 성격의 특성과 야심에 의해 좌우됩니다. 이 같은 천재성을 다르게 표현하는 말이 강박적인 욕구로, 어떤 한 가지 일을 잘하면서도 독창적으로 행동하기를 즐기는 것을 가리킵니다. 이 점에서 볼 때 천재성이란 단지 계획적인 노력을 지속하는지에 관한 문제입니다.

원하는 것을 정하고 그것을 획득하기로 굳게 결심한 사람은 천재성에 가까이 근접하는 것이지요. 그런 사람에게는 성공할 기회가 훨씬 많아집니다. 그가 성공하면 세상은 그를 우러러보면서, 그 성공의 비결을 천재성으로 돌리게 되지요.

힐 　　개인의 성공과 교육 문제는 상관관계가 있습니까? 많이 배운 사람이 적게 배운 사람보다 성공의 기회가 많은 것 같은데요.

카네기 　　학교를 졸업한 사람은 수없이 많지만 진정한 의미의 교육을 받은 사람은 적은 편입니다. 진정한 교육을 받은 사람은 자신의 마음을 다루는 법을 알고 있으며, 이를 통해 다른 사람의 권리를 침해하지 않고 자신이 바라는 것들을 얻을 수 있습니다. 이렇듯 교육이란 단순한 지식 획득을 말하는 것이 아니라 경험과 신념에 의해 갖춰지는 것입니다. 유용한 형태로 표현되지 않는 지식은 가치가 없습니다. 개인의 독창성은 성공의 필수항목으로 무척 중요합니다.

좀 더 구체적으로 설명하겠습니다. 교육받은 사람이 교육받지 않은 사람보다 성공할 기회가 더 많습니다. 그것은 그가 받은 교육이 특정한 업무에 적용된 경우에 한해서 그렇습니다. 사람들은 체계적인 노력을 하는 대신 지식의 획득에 지나치게 의존하고 있습니다. 한마디로 지식을 어떻게 얼마만큼 이용할 것인지보다 머릿속에 집어넣는 것이 더 중요하다고 생각하는 것이지요. 이 점이 중요합니다.

성공한 경영인 중에는 대학을 갓 졸업한 신입사원의 채용을 꺼리는 경우도 있더군요. 실무에 필요한 지식을 익히는 데 시간이 걸리기 때문이지요.

제 경우에는 대학 졸업자를 채용할 때 다양한 지식을 추구하는 열린 자세를 가진 사람을 찾습니다. 수완이 좋은 사람보다 건전한 기초 지식을 가진 사람을 더 선호하지요. 대학 졸업자의 한 가지 이점은 자신의 지식을 체계화할 수 있다는 것입니다. 체계화하지 못한 지식은 아무 데도 쓸모가 없습니다.

힐   어려움 없이 능숙하게 독창성을 활용하는 사람은 그 능력을 유전으로 타고난 건가요?

카네기   많은 사람을 관찰해 보니, 독창성은 대개 개인의 욕구와 야망에서 비롯된다는 걸 알 수 있었습니다. 보기에는 독창성이 뛰어나 보이지 않던 사람이 강력한 욕구와 목표가 생기자 창조적으로 바뀐 것이지요.

힐   개인의 욕구가 성공의 시작점이라는 말씀인가요?

카네기   맞습니다. 명백한 사실이지요. 목표가 정확하다는 것은 바로 욕구의 결과입니다. 강렬한 욕구가 있으면 그것이 정확한 목표로 가시화됩니다. 따라서 욕구는 모든 개인적 성취의 출발점입니다. 제가 아는 한 욕구만큼 강력한 동기는 없습니다. 그 속에 남편에게 영향력을 발휘하고 싶은 아내의 비밀이 숨어 있습니다. 아내가 남편의 마음속에 부와 성공에 대한 욕구를 심어줌으로써 더 크게 성공하도록 격려해 주는 거죠.
그러나 부와 성공에 대한 욕구는 남편 자신이 명확한 동기로 삼아야 합니다. 마음속 깊숙한 곳에 욕구가 있다면 행동에 나서게 됩니다.

힐   그렇다면 인간의 실수는 목표를 낮게 잡는 것이라고 한 철학자의 말이 맞습니까?

카네기　원대한 목표를 대신할 수 있는 것은 없습니다. 목표를 이루고자 마음먹으면 마치 무한한 존재의 지지를 받는 기분입니다. 목표가 있다면 모든 수단을 동원하게 됩니다. 이때 그 사람의 독창성이 발휘되기 쉽습니다. 개인의 욕구는 독창적인 행동을 통해서만 이루어집니다. 독창성이 계획적인 노력의 형태를 띠면 성공할 기회는 훨씬 늘어납니다.

이와 같이 개인의 성공을 분석해 보면 계획적인 노력 없이는 어떠한 성취도 불가능하다는 걸 깨닫게 됩니다. 욕구 달성을 위한 이 같은 원칙은 선택 사항이 아닙니다. 명령입니다.

힐　개인의 노력은 정식 교육을 받은 이들만이 아니라 학교 교육을 받지 못한 이들에게도 적용되는 원칙이군요. '교육'이란 단어가 학교 교육만을 의미하는 것이 아니니까요.

카네기　의미의 차이를 다시 한번 정리해 드리겠습니다. 계획적인 노력을 활용하는 방법을 모른다면 진정한 의미의 교육을 받지 못했다는 것입니다. 질서 있게 명확한 목적을 향해 움직이는 것이 교육된 사람의 행동 방식입니다.

'교육'의 의미를 깊이 있게 들여다볼까요? 교육의 적용이란 계획적인 노력에 기반을 둔 행동이라는 것이 핵심입니다. 계획적인 노력이 바로 교육이라고 볼 수 있습니다.

힐　　　저도 다른 사람들을 가르쳐보고 싶은데, 이 점에 대해 어떻게 생각하십니까?

카네기　　　훌륭한 생각입니다. 자신이 처방한 약을 먹기 싫어하는 의사도 있지만, 시범적으로 시도해 보는 것도 좋을 것 같군요.

힐　　　저도 부자가 될 수 있다는 말씀입니까?

카네기　　　그것은 전적으로 당신의 의도에 달려 있습니다. 부에는 여러 형태가 있지만, 재산의 축적에 관한 것이라면 이 원칙들을 적용함으로써 원하는 만큼 충분히 얻을 수 있을 겁니다. 하지만 단순히 물질적인 부를 떠나 초월적으로 접근해 주셨으면 합니다.

제가 가진 부의 개념이 그저 재물이 아닌, 양의 측면에서나 질적인 면에서 그것을 넘어서는 엄청난 것이라는 사실을 알면 놀라실 겁니다. 만약 이러한 부를 당신도 갖게 된다면 더욱 그럴 것이고요. 그런데 이것은 전 세계 모든 사람의 자산이 되어야 합니다. 당신의 미래에 어떤 그림이 펼쳐질지 내다보고, 지금부터 제가 제시하는 원칙들을 따른다면 저보다 더 큰 부를 가질 날이 머잖아 찾아올 겁니다.

리더는 신중하게 계획하여
남의 말에 휘둘리지 않고
자신의 독창성을 시행한다.

Think
And
Grow
Rich

창조적인 상상력을

계발하라

창조적인 상상은
과학적 시각으로 볼 때
무의식의 깊은 곳에 기반을 두고 있으며,
과학적으로 설명하기 어려운
어떤 동력들에 의해
혁신적인 아이디어를 발견하고
해석하는 능력입니다.

"상상력은 성공이라는 완성물을 짜 나가는 영혼의 공작소다."라는 말이 있다.

"상상이라는 생각의 작업장에서 희망과 목표는 현실이 된다."라는 말도 있다.

이번 장에서는 창조적인 상상력으로 온 세상이 부러워하는 생활 방식을 만들어낸 위대한 리더들을 살펴보겠다.

앞서 나온 계획적인 노력과 이번 장에서 설명하는 내용의 긴밀한 관계에 주목해 보자. 모든 형태의 계획적인 노력은 창조적인 상상력에서 나오며 이 두 가지 원칙은 불가분의 관계다.

힐　카네기 씨, 창조적인 상상력을 성공의 일곱 번째 원칙이라고 하셨습니다. 어떻게 하면 이 원칙을 실용적으로 활용할 수 있을까요?

카네기   가장 먼저 '창조적인 상상력'의 의미를 확실히 알아야 합니다. 여기서는 상상의 다른 표현이기도 합니다.

상상은 통합적인 상상과 창조적인 상상 두 가지로 나뉩니다. 통합적인 상상은 인지된 아이디어, 개념, 계획, 사실과 원칙들을 새롭게 배치하여 결합하는 행위입니다.

실용적인 측면에서 본다면 특허청에 등록된 특허는 새로운 질서로 구성하거나 새로운 용도를 부여한 예전의 아이디어에 불과한 것들입니다. 대부분이 이미 사용했거나 혹은 인식된 적 없는 새로운 아이디어를 기초로 하고 있다는 것이지요.

창조적인 상상은 과학적 시각으로 볼 때 무의식의 깊은 곳에 기반을 두고 있으며, 과학적으로 설명하기 어려운 어떤 동력들에 의해 혁신적인 아이디어를 발견하고 해석하는 능력입니다.

어떤 사람들은 창조적인 상상은 영혼의 공장과 같아서 이를 통해 무한한 지성에 다다를 수 있다고 믿습니다. 하지만 상황에 따라 우연히 발생한다는 것 외에 이렇다 할 징표가 없지요.

그러므로 창조적인 상상의 실체를 받아들여 최대한 활용하려는 자세가 필요합니다. 새로운 아이디어를 해석하는 사례를 살펴보고 이 같은 능력은 어떻게 계발할 수 있는지도 알아보도록 하지요.

힐   상상에는 두 종류가 있다고 하셨는데요, 어떤 종류의 상상이 산업 현장과 보통 사람들의 삶에서 각기 유용하게 적용될까요?

카네기   월등히 많이 사용되는 것은 통합적 상상입니다. 창조적인 상상은 그 이름에서 이미 알 수 있듯이 리더십과 고도의 전문 지식을 가진 사람들이 주로 사용하지요.

힐   그렇다면 두 가지 상상력이 혼합되어 쓰인 예를 들어주시겠습니까? 가능하면 세세한 부분까지 포함해서 이 원칙들의 실제 적용 방법을 쉽게 이해할 수 있도록 말이지요.

카네기   토머스 에디슨이 한 일을 예로 들어보지요. 에디슨의 성취 기록을 연구하면서 그가 두 가지 상상력을 어떻게 사용했는지 이해할 수 있었습니다.
세계의 이목을 끌었던 그의 최초 발명품은 오래되고 잘 알려진 원리들을 새롭게 구성한 결과로 얻어졌습니다. 바로 백열전등입니다. 에디슨은 누구나 다 아는 오래된 아이디어를 만 번 이상 다르게 결합하고 실패를 거듭한 결과 완성품을 얻었지요.

힐   그가 만 번이나 실패하고도 계속해 나간 것을 말씀하시는 건가요?

카네기   그렇습니다. 문제의 해답을 찾을 때까지 절대 멈추지 않는 예리한 감각의 소유자라는 것. 이미 말했지만 에디슨은 누구나 다 아는 두 가지 법칙을 새로운 방식으로 결합해서 백열전등을 완성했습니다.

두 가지 법칙 중 첫 번째는 이미 입증된 사실로, 전기 에너지를 와이어 양 끝에 대면 저항력으로 인해 빛을 내는 열이 발생하여 빛이 만들어진다는 것이었습니다.

이것은 에디슨이 전구 발명을 시작하기 전 이미 알려져 있었지만, 열을 조절할 방법을 찾지 못해 난관에 빠져 있었지요. 충분한 밝기의 빛을 오래 유지할 수 있을 만큼의 열을 전달할 수 있는 금속이나 다른 물질을 찾을 수 없었던 것입니다. 전기가 발생시키는 강한 열은 전달물을 고작 몇 초 만에 태워 없앴으니까요.

에디슨은 다양한 물질을 사용해 실험을 거듭하고도 만족할 만한 결과를 얻지 못하던 중, 우연히 어떤 원리 하나를 떠올렸고 이것이 나중에 문제를 해결하는 실마리가 되었습니다.

나중에 다시 설명하겠지만 우연히 떠올렸다는 것은 사실 맞지 않는 표현이라 하겠습니다. 그가 떠올린 것은 숯이 만들어지는 원리였고, 그때까지 숱한 실패를 가져온 원인을 그제야 알게 되었습니다.

숯이 만들어지는 과정을 간략히 설명하면 다음과 같습니다. 한

무더기의 나무를 땅 위에 놓고 불을 붙인 뒤 진흙으로 덮습니다. 흙에 덮인 나무는 공기가 충분하지 않기 때문에 활활 타지 않고 천천히 탄화하게 됩니다. 이 과정을 통해 나무의 형태는 그대로 남은 채 까만 숯이 만들어지지요.

나무가 완전히 타지 않는 이유는 덮여 있는 진흙으로 인해 불꽃으로 유입되는 산소의 양이 나무를 연소시킬 만큼 충분하지 않기 때문입니다.

산소가 없으면 불이 일어나지 않는 것은 누구나 아는 사실입니다. 이것을 다르게 생각하면 산소의 유입량을 조절함으로써 불의 세기도 조절할 수 있다는 원리가 됩니다.

에디슨은 전등 실험을 하기 훨씬 이전부터 알고 있던 원리 안에 자신이 찾던 답이 있었다는 것을 수천 번의 실험을 거치고서야 비로소 깨달았던 겁니다.

그는 곧장 실험실로 달려가 코일로 감은 와이어를 병에 넣은 다음 병 속의 공기를 빼내어 왁스로 밀폐한 뒤, 와이어 양 끝에 전기 에너지를 흘려 넣었습니다.

아니나 다를까, 세계 최초의 백열전등이 반짝하고 빛을 발했지요. 조잡하기 이를 데 없는 램프는 8시간 이상 환하게 주위를 밝혔습니다.

그때 분명히 알게 된 겁니다. 산소가 없는 진공관 안에 와이어를 세우면 완전연소가 되지 않고도 빛을 만들 수 있는 충분한 열이 발생한다는 사실을 말입니다.

이 원리는 오늘날까지도 백열전등을 만드는 데 그대로 적용되고 있습니다. 물론 에디슨 시대보다는 현재의 방식이 훨씬 세련되고 효율적이지요.

그렇다면 이제 어떻게 해서 에디슨이 두 개의 오래된 원리에서 새로운 방식을 결합할 수 있었는지 살펴봅시다.

앞에서 저는 에디슨이 전기 에너지의 열을 조절하는 데에 숯이 만들어지는 원리를 결합하는 방법을 우연히 생각해 냈다고 했습니다. 그러나 이것은 정확한 표현이라 할 수 없습니다.

창조적 상상의 원리라는 그림으로 들어가 볼까요?

에디슨은 오랜 기간 셀 수 없이 많은 실험을 반복하면서 자신의 잠재의식에 의식적으로든 무의식적으로든 자신이 해결해야 할 문제의 그림을 뚜렷하게 새겼습니다.

그리고 설명할 길 없는 힘에 이끌리듯 숯의 생성 원리를 떠올려 결국 자신의 문제와 연결 짓는 방식으로 해결책을 찾았다고 할 수 있습니다.

그로부터 몇 년이 지난 후 에디슨은 "어떤 예감 같은 것이 갑자기 떠올랐는데, 나는 즉시 그것이 내가 찾아 헤매던 끊어진 연결고리라는 것을 알 수 있었다."라고 당시의 경험을 설명했습니다.

그러면서 그는 매우 중요한 사실을 언급했는데, "숯의 원리를 적용하면 어떨까 하는 생각이 순간적으로 떠올랐을 때, 그전까지 통합적 상상을 통해 얻은 아이디어로 수천 번의 실험을 반복할 때와는 비교할 수 없는 확신이 들었다."라고 말했습니다. 그의 경험을 통해 우리의 잠재의식으로부터 문제를 해결할 힘을 이끌어 내기 위해서는 그것이 의식의 형태로 발현될 수 있게 해야 한다는 사실을 유추할 수 있습니다.

힐   이 이야기를 들으니 어쩌면 인내심이 에디슨을 성공할 수 있게 했다는 생각이 드는군요.

카네기   물론입니다. 우선 명확한 목표를 가지고 연구를 시작했다는 점에서 열일곱 가지 성공의 원칙 중 첫 번째를 적용했다고 해야겠지요.

문제의 본질을 정확히 알았을 뿐 아니라 그 해결책의 발견도 정해진 과정이었다는 사실도 중요합니다. 이루고자 하는 강박관념이 목적의 명확성을 지탱한 것입니다.

강박관념은 마음속의 두려움과 의심, 그리고 스스로 부여한 한계성을 제거하는 데 도움이 되며, 그러한 마음 상태의 결과로 신념이 생기게 됩니다.

무수한 실패를 거듭하며 좌절할 수도 있었지만 굴복하지 않고 신념을 잃지 않았던 겁니다.

그가 가진 신념은 그의 생각을 무한한 지성으로 연결하는 촉매가 되었으며, 거기에 모든 문제를 해결할 수 있는 가능성이 내재해 있었다고 볼 수 있습니다.

힐   에디슨의 모든 발명이 백열전등의 경우와 같이 창조적 상상력과 통합적 상상력의 결합으로 이루어졌나요?

카네기   그렇지는 않습니다. 하지만 발명품의 대다수가 통합적 상상력의 도움으로 만들어졌지요. 다시 말해 수많은 시행착오 과정을 거친 겁니다.

그러나 오직 창조적 상상력만으로 완성된 발명품이 하나 있는데, 바로 축음기입니다.

그것은 근본적으로 새로운 아이디어였지요. 그전까지는 그 누구도 소리의 진동을 기록하고 재생해 내는 기계는 만들지 못했으니까요.

힐   축음기의 발명에 에디슨은 어떻게 창조적 상상력을 적용했을까요?

카네기   아주 간단합니다.

자신의 잠재의식에 말하는 기계에 대한 아이디어를 각인시키고, 기계 제작을 완성하기까지의 계획을 의식 상태로 진행한 것이지요.

힐   에디슨이 전적으로 창조적인 상상력에 의존했다는 뜻입니까?

카네기   예, 확실히 그랬습니다.
그것을 어떻게 만들 것인가 하는 생각이 에디슨의 마음을 떠나지 않고 수시로 일었지요. 그럴 때마다 상상한 기계 장치를 반복해서 그려보고, 모형 제작자에게 그림을 건네 실제로 만들도록 했던 겁니다. 몇 번이고 반복하고 테스트를 거듭해 마침내 발명에 성공한 것이지요.
조잡한 형태의 기계에 불과했지만, 에디슨의 창조적 상상력이 빛을 발하기에는 충분했습니다.

힐   에디슨이 자신의 잠재의식에 말하는 기계에 관한 생각을 각인시켰다고 하셨는데, 어떤 방법으로 각인시켰을까요? 얼마나 오랫동안 기계 작동 원리를 잠재의식 안에 두어야 했을까요?

카네기   잠재의식에서 아이디어를 끄집어내어 완성된 계획으로 바꾸기까지 얼마나 오랫동안 생각했는지 정확히 알 수는 없지만, 길어야 며칠 정도였을 것으로 생각합니다.

잠재의식에 각인시키는 방법은 욕구를 강박관념으로 바꾸는 단순한 과정인데, 소리를 기록해서 재생산하는 기계에 대한 생각이 그의 마음을 지배하게 되었다고 할 수 있습니다.

마음을 한곳에 집중함으로써 마음을 완전히 장악하게 한 뒤 자동 암시라는 형태로 잠재의식을 관통해 욕구를 정확히 그려볼 수 있게 하는 것이지요.

힐   그것이 의식과 잠재의식을 연결하는 방법인가요?

카네기   예, 가장 간단한 방법이지요.

내면 깊은 곳에서 타오르는 욕구는 잠재의식이 되어 다른 욕망보다 훨씬 명확하고 신속하게 작용합니다. 단순한 희망은 잠재의식에 전혀 각인되지 않습니다.

많은 사람이 희망과 강렬한 욕구의 차이를 잘 모르는데, 강렬한 욕구는 그것에 관련된 생각을 지속하고 또 반복하면서 잠재의식에 각인됩니다.

힐   그렇다면 무엇보다 반복이 중요한 것 같습니다.

카네기　생각을 반복하면 어느새 사고하는 습관이 자리잡혀서 의식적으로 노력하지 않아도 마음이 하나의 아이디어에 정확히 작용하게 됩니다. 분명한 것은 잠재의식이 습관으로 이어지며 더욱 강화된다는 겁니다.

힐　그렇다면 잠재의식을 명확한 욕구로 채우는 간단한 과정을 통해 창조적인 상상력을 사용할 수도 있겠네요.

카네기　그렇습니다. 그렇게 하려면 관심사와 욕구에 집중해서 생각하는 훈련을 거친 사람들만이 실제적인 결과를 얻는다는 점을 잊지 말아야겠지요.
구름처럼 막연한 생각이나 단순한 희망은 누구나 다 갖는 것으로 잠재의식에 영향을 미치지 못합니다. 이 점에 대해서는 자제력에 관한 부분에서 다시 설명하겠습니다.

힐　두 종류의 상상력이 실제로 적용된 사례를 몇 가지 언급해 주시겠습니까?

카네기　헨리 포드가 자동차를 완성할 때의 경험담을 예로 들어 설명해 드리지요.
그는 증기로 움직이는 트랙터를 보고 자동차에 관한 아이디어를 떠올렸습니다. 그 트랙터는 타작 기계를 운반하는 데 쓰이는 것이었지요.

증기 트랙터로부터 '말이 없는 마차'로 아이디어를 연결한 그는 통합적 상상력을 이용해서 기계를 싣는 트랙터를 사람이 타는 자동차로 바꾸는 방법에 온 마음을 집중했습니다.

하나의 생각에 사로잡힌 포드는 타오르는 열망을 그의 잠재의식에 각인시켰습니다. 잠재의식의 작용으로 증기기관을 대체할 내연기관을 생각해 내고서 즉시 그 기관을 실제로 만드는 작업에 착수했지요.

내연 가스기관과 관련한 다른 이들의 기존 실험을 연구한 결과, 문제는 엔진 동력을 자동차 바퀴로 전달하는 방법에 있었습니다.

그가 모든 생각과 마음을 잠재의식에 집중시키자 최초의 대중 자동차(T 모델)의 탄생을 가능케 한 변속기의 유성 시스템이 떠올랐습니다.

힐   자동차를 완성하기까지 어떠한 요소들이 포드의 마음을 움직였다고 보십니까?

카네기   그를 비롯한 모든 성공한 사람들의 작업 원칙으로, 마음 속에 펼쳐진 명확한 그림 덕분이었다고 할 수 있습니다.

포드의 성공 전략

- 포드는 명확한 목적에 동기를 부여함으로써 성공의 첫 단추를 채웠다.
- 자신의 목적을 각인시킴으로써 목적에 모든 생각을 집중하도록 했다.
- 끊임없는 노력으로 목적을 명확한 계획으로 바꿨다.
- 마스터 마인드 원리를 사용해서 아내의 내조와 타인의 충고를 얻어낼 수 있었다. 훗날 자동차를 생산할 때도 주주였던 도지 형제와 기능공들, 엔지니어들과 마스터 마인드 연합을 구축했다.
- 이 모든 노력의 뒤에는 응용된 신념이라는 힘이 존재한다. 이는 명확한 목적과 관련된 강렬한 성취 욕구의 결과로 얻어졌다.

힐   간단히 말해 포드는 명확한 목표를 채택하고, 통합적 상상과 창조적 상상의 기능을 자극하는 강박관념이라는 불꽃을 타오르게 해서 성공할 수 있었군요.

카네기   우리가 주목해야 할 점은 그가 끈기 있게 행동했다는 겁니다.

자동차를 완성하기까지 포드는 연구를 뒷받침할 자금이 충분하지 않아 어려움을 겪었습니다. 그 후로도 대량생산에 필요한 자금을 마련하는 데 많은 어려움이 있었지요.

또한, 마스터 마인드 연합 멤버들과의 갈등도 겪게 됩니다. 인내심과 결단력이 필요한 고통의 시간이 계속되었던 겁니다.

그러나 헨리 포드가 가진 특성, 즉 자신이 원하는 것을 정확히 알았다는 점과 꺾이지 않는 인내심이 성공의 견인차 역할을 해주었습니다. 포드의 강점인 인내심, 즉 끈기는 통합적이면서 동시에 창조적인 상상력을 발휘하는 데 강한 자극제가 되었다고 할 수 있겠지요.

힐 상상에 관한 실례를 몇 가지 더 들어주시겠습니까?

카네기 이번에는 전화와 관련된 알렉산더 그레이엄 벨의 경우를 들어볼까요?

창조적 상상력의 예라고 할 수 있습니다. 벨의 발명품은 이전에는 누구도 생각하지 못한 완전히 새로운 것이었으니까요.

그가 전화기를 실용화한 원리를 생각해 낸 것은 에디슨과 마찬가지로 우연한 사건이었습니다. 청력이 약한 아내를 위해 보청기를 만들려고 갖가지 부품과 장치를 찾던 중 발견하게 되었지요.

여기에서 우리는 강박관념이 명확한 목표를 이루게 한다는 것을 다시 한번 확인할 수 있습니다. 아내에 대한 깊은 애정이 벨에게 강력한 동기를 부여한 것이지요.

벨이 응용한 과학지식은 다음과 같습니다. 셀레늄 판에 던져진 빛의 광선은 약간 떨어진 다른 셀레늄 판에 반사되는데, 이 다른 셀레늄 판을 전화기에 부착하면 갈바니 전지의 통신이 가능하다는 것이었습니다.

첫 번째 판 뒤쪽에서 말한 단어는 전화기를 지나 두 번째 판까지 똑똑히 들립니다. 따라서 빛의 광선은 전화기의 와이어가 되고, 소리의 파장은 빛의 파장으로, 빛의 파장은 갈바니 파장으로 바뀌는데, 이것이 다시 소리의 파장으로 변화되는 점을 이용한 겁니다.

그는 소리의 파장이 전달된다는 획기적인 원리를 세상에 알렸는데, 이 원리의 일부가 돌베어라는 사람의 실험에서 차용한 것이라는 주장으로 소송에 휘말리게 됩니다. 하지만 결국 현대 전화기의 작동 원리를 발견한 사람은 벨로 공인되었지요.

아내에게 소리를 선물하고 싶었던 벨의 욕구가 긴 인고의 시간을 거쳐 인류의 삶을 바꿔 놓은 원리를 발견하는 쾌거를 이루게 했습니다.

힐   발명 외에 다른 분야에서는 상상의 원리가 어떻게 적용되는지 궁금합니다.

카네기   처음으로 미국에서 만들어진 통신 판매점을 예로 들겠습니다. 상품화 계획에 응용된 통합적 상상의 좋은 예입니다.

제가 과거에 일했던 회사 동료 이야기로, 철도 전신원이었던 그는 근무 중 비는 시간을 이용해 돈을 벌 수 없을까 생각했습니다. 자, 경제적 이익이라는 동기가 등장했습니다.

그는 여러 달 동안 마음속에 이 문제를 간직하고 궁리하다가 통신망을 이용해 시계를 팔아보자는 아이디어를 떠올렸습니다.

그의 아이디어는 큰 반응을 불러일으켰고, 그가 도매로 주문한 손목시계는 순식간에 팔려 나갔습니다. 그 성공에 힘을 얻어 다음에는 보석을 판매하여 더 큰 이익을 거두었지요. 그러다 얼마 가지 않아 상관에게 들켜 해고되고 말았습니다.

전화위복이라 할까요. 해고당한 뒤 그는 본격적으로 통신 판매를 시작했습니다. 전신에서 우편으로 판매 방식을 바꾸고, 물품소개서를 인쇄하여 전신이 미치지 않는 지역의 주민들에게까지 제품을 홍보했습니다. 곧 그의 물품소개서는 전국으로 퍼져 나가게 되었지요.

그는 또한 마스터 마인드 원칙을 활용하여 사업 파트너를 물색하던 중, 광고 분야에 탁월한 전문가를 만나게 되었습니다. 그리고 수년간 규모를 키운 사업체를 매각해 1억 달러를 손에 쥐었지요. 이로써 대량 통신 판매의 시대가 열렸습니다.

그는 명확한 목표에 몰두하여 획기적인 아이디어를 발견하고, 결국 엄청난 부를 축적하게 되었습니다.

힐　　　단지 통합적 상상의 원리를 사용한 것이 전부인가요?

카네기　　그렇습니다. 판매 방식을 새롭게 바꾼 것뿐이지만, 이런 것이야말로 성공 가능성을 지닌 사람들만이 할 수 있다는 걸 기억해야 합니다. 벨과 에디슨이 행한 창조적 상상력만으로는 만들어낼 수 없는 경우지요. 육류 포장업에 혁신을 가져온 철도 냉장차를 예로 들어보겠습니다. 철도 냉장차를 발명한 사람은 포장업자인데, 그는 어떻게 하면 먼 거리까지 육류를 신선하게 운반할 수 있을지를 늘 고민했습니다. 사업을 확장하려는 명확한 목표를 가지고 방법을 강구한 것이지요.

인간은 욕망에 사로잡히면 무엇이든 해낼 수 있습니다. 그 육류 포장업자는 더 많은 돈을 벌려는 목적으로 일반 객차를 아주 큰 아이스박스로 대체했지요.

특별한 점이 있다면 아이디어를 실험으로 옮겼다는 것뿐이었습니다. 첫 번째 냉장차는 엉성했지만 어느 정도 성공적이었고, 계속해서 아이디어를 개선해 현재의 모습이 갖춰졌습니다. 이 생각은 육류 운송뿐 아니라 다른 상품, 특히 과일과 채소의 판매와 유통에도 획기적인 변화를 가져왔습니다. 아이스박스를 차바퀴에 매단다는 단순한 상상에서 냉장차가 탄생한 겁니다.

조지 풀먼은 객차에 침대를 놓는다는 생각으로 침대차를 만들었습니다. 침대와 객차는 모두 전혀 새로운 것이 아니었지만 두 가지를 합친다는 생각이 신선했던 것이지요.

새로운 서비스의 등장으로 조지 풀먼은 큰 부를 얻었고, 많은 사람이 일자리를 얻었으며, 여행객들은 더욱 만족스러운 서비스를 받게 되었습니다.

이 모든 아이디어가 상상력의 소산입니다. 이런 상상이 현실화되는 데에는 자발성과 실용성에 근거한 조직적이고 개별적인 노력이 뒷받침되었습니다.

좋은 성능의 침대차와 냉장차를 만들기 위해 많은 자본도 필요했지만, 궁극적으로 성공을 가져온 것은 개인의 상상의 힘이라고 하겠습니다.

힐　　상상의 원칙을 적용한 이들이 가장 공통으로 사용하는 원리를 말씀해 주세요.

카네기　　그것은 수행하는 사람에 따라 조금씩 다르지만 정리하면 다음과 같습니다.

- 명확한 목표
  - 아홉 개의 기본 동기 중 하나 또는 그 이상의 동기로부터 일어나는 강박관념을 토대로 한다(2장에 나오는 '아홉 가지 주요 동기 리스트' 참고).

- 상상력을 자극하는 동기 중 강력한 하나는 경제적 이익에 대한 욕구다.
• 마스터 마인드 원리
- 장애물을 물리치고 문제를 해결할 수 있다.
- 목표를 향해 하나 되는 마음가짐으로 여러 사람이 조화롭게 이견을 조율하는 과정에서 해결책을 찾는다.
• 노력
- 자신에게 돌아오는 것 이상으로 일할 때, 상상력을 활용한 새로운 기회가 마련된다. 비록 많은 이익이 따르지 않는다고 할지라도 열심히 하다 보면 그 이상의 충분한 보상을 받게 될 것이다.
• 신념
- 상상력을 고무하고 격려하는 분명한 근거이자 창조적 상상력을 자극하고 적용하는 데 필수적이다. 최소한의 신념도 없는 사람은 창조적 상상력의 혜택을 결코 누릴 수 없다는 것을 명심해야 한다.
• 계획적인 노력
- 상상을 통한 계획 수립과 마찬가지로 효율성의 측면에서 직접 관련되어 있다.

그 외에도 많은 것이 있지만 이 다섯 가지는 필수적인 요소입니다.

두려움은 상상력을 고무시키지만 때때로 마비시키기도 합니다. 위기에 빠진 인간이 상상을 통해 초인적인 면모를 보이다 반대로 자기연민에 빠지기도 하지요.

실패로 인한 일시적인 패배감이 상상력을 자극하기도 하지만, 대체로 역효과가 더 큽니다.

힐   그렇다면 극소수의 사람만이 이러한 상상력을 발휘하게 되는데 그 이유는 무엇일까요? 유전적인 이유입니까?

카네기   그렇지 않습니다. 상상력은 사용하기에 따라 얼마든지 계발될 수 있습니다. 대대수의 사람이 상상력이 부족한 이유는 간단합니다. 상상력에 무관심하기 때문이지요.

힐   모든 사람이 어느 정도는 세일즈맨 정신을 가져야 한다고 생각하는데, 상상력을 세일즈맨십에 적용하는 예를 들어 주십시오.

카네기   수많은 예가 있는데, 제가 알고 있는 보험설계사 이야기를 들려드리겠습니다.

그는 힘든 육체노동으로 살아가던 중 장애를 입게 되었습니다.

그는 생계를 꾸리기 위해 보험 판매를 시작했는데, 고작 1년 만에 보험업계 최고의 인물이 되었지요.

그의 성공담을 말씀드리기 전에 그가 마스터 마인드 원리를 충실히 활용했다는 점을 강조하고 싶습니다. 물론 다른 성공 원칙들도 잘 사용했지요.

그는 어느 날 한 부유한 변호사의 사무실을 찾아가 30분 만에 100만 달러짜리 계약을 성사시켰습니다.

그 변호사는 유능하기로 소문난 보험설계사들이 다양한 판매 전략을 펼쳤지만, 눈 하나 깜짝하지 않던 사람이었습니다.

보험설계사는 어떻게 그런 사람을 설득할 수 있었을까요?

그는 변호사들의 활동이 실린 신문 기사를 가지고 그 변호사의 사무실을 방문했습니다. 그리고 '뛰어난 변호사는 자신의 두뇌에 100만 달러짜리 보험을 든다'라는 대문짝만한 머리글을 보여주었지요.

뉴욕의 최상류층 인사들을 고객으로 둔 변호사를 소개하는 내용으로, 거기에는 주인공 변호사와 그의 가족, 롱아일랜드의 저택 사진까지 함께 실려 있었습니다.

보험설계사는 변호사에게 신문 기사를 보여주며 다음과 같이 말했습니다.

"필요한 신체검사를 통과할 수 있다는 걸 증명하신다면 이 기사를 여러 신문사에 보내 보도하게 하려는데 어떻게 생각하십니까? 보험에 가입했다는 사실만으로도 변호사님 같은 분에게 큰 이득이 될 거라는 것은 굳이 말씀드리지 않아도 잘 아실 겁니다."

변호사는 자리에 앉아 기사를 읽기 시작했습니다. 주의 깊게 기사를 살펴본 그는 어떻게 자신에 대해 이렇게 자세히 알고 있으며, 또 가족사진은 어디에서 구했는지 물었습니다.

"어렵지 않았습니다. 신문 기사 통신사와 계약을 맺었거든요."

기사를 다시 한번 꼼꼼히 읽고 난 변호사는 몇 군데 수정해서 돌려주며 말했습니다.

"당신의 제안에 무조건 찬성합니다."

계약 성사는 순식간에 이루어졌고, 변호사는 조금도 불쾌함을 표하지 않았습니다. 기사를 만들기 위해 여러 달 준비하고 취재한 노력 덕분에 변호사의 고집이 허물어진 것이지요. 기사는 변호사 자신을 홍보할 자료도 될 테니까요.

그가 변호사에게 판매한 것은 생명에 대한 보험이 아닌 허영심에 대한 보험이었습니다. 이렇게 상상력이 뛰어난 일급 세일즈맨들은 그들이 파는 상품과 전혀 다른 것을 취급하기도 합니다. 시카고대학의 전 총장인 하퍼 박사의 경험담이 좋은 실례입니다. 하퍼 박사는 교육계에서 기부금을 가장 잘 모으는 사람으로 알려져 있습니다. 그가 대학 총장이던 시절, 캠퍼스에 건물을 신축하기 위해 100만 달러가 필요하게 되었습니다.

그는 기부 가능성이 있는 사람들을 치밀하게 검토한 뒤, 시카고의 유명 인사 두 사람으로 한정했습니다. 정치인 한 사람과 시카고 시내버스 기업의 회장이었는데 100만 달러 정도는 충분히 기부할 수 있는 재력가였습니다. 그런데 그 두 사람은 서로 사이가 좋지 않은 관계였습니다.

어느 날 하퍼 박사는 버스회사 회장의 사무실을 찾아가 다른 사람이 없는 걸 확인하고는 사무실에 들어섰습니다.

회장이 말을 꺼내기 전에 하퍼 박사가 먼저 말을 시작했습니다.

"이렇게 불쑥 찾아와 죄송합니다. 밖에 아무도 없어서 들어왔습니다. 저는 시카고대학의 하퍼 총장입니다. 드릴 말씀이 있습니다."

"앉으시지요."

"아닙니다. 1분밖에 시간이 없어서요. 그동안 생각해 오던 일인데, 저희 시카고대학은 미국에서 가장 질 좋은 대중교통 서비스를 제공하시는 업적을 기리기 위해 캠퍼스에 회장님의 이름을 딴 건물을 지으려고 합니다. 그런데 이사회의 몇 분이 ○○ 씨(버스회사 회장과 사이가 좋지 않은 정치인)를 추천하고 있습니다. 그래서 어쩔 수 없이 이렇게라도 그동안 벌어진 일들을 알리고, 이사회의 계획안을 저지할 방법을 찾는 게 좋을 것 같았습니다."

"그렇습니까? 한번 제대로 앉아서 생각해 봅시다."

"죄송합니다만 오늘은 다른 약속이 있어서 시간이 없습니다.

저희 학교 신축 건물에 누구의 이름이 새겨지는 것이 옳을지 생각해 보시고, 내일 아침에 전화해 주시겠습니까? 그럼 연락 기다리겠습니다."

하퍼 총장은 버스회사 회장에게 생각할 시간도 주지 않은 채 그 자리를 떠났습니다.

다음 날 아침, 하퍼 총장이 사무실에 들어서니 버스회사 회장이 그를 기다리고 있었습니다. 한 시간가량 이야기를 나누고 사무실을 나선 두 사람의 얼굴에는 미소가 가득했지요. 총장의 손에는 아직 잉크가 마르지 않은 100만 달러짜리 수표가 들려 있었고요.

하퍼 총장이 예상한 대로 회장은 자신의 적을 제압할 무언가를 찾고 있었던 거지요.

창조적인 상상은
영혼의 공장과 같아서
이를 통해 무한한 지성에
다다를 수 있다.

Think
And
Grow
Rich

STEP
8

자제력을

연마하라

> 자제력은 감정보다도
> 인격적인 완벽함을 요구합니다.
> 타이밍이 맞아야 하고 계산도 치밀해야 하지요.
> 원하는 결과를 얻지 못했다고 해서
> 포기해서는 안 됩니다.
> 때를 기다리며 인내할 줄 아는
> 지혜를 갖춰야 합니다.

자제력은 성공의 필수 조건이다. 자제력은 성공하는 데 가장 중요한 요소이므로 앞으로 개인의 한계를 극복하는 방법을 일곱 가지 원칙으로 통합하고 적용해서 배우게 될 것이다.

이 같은 성공 원칙들은 서로 연관되어 있어서 하나만 빠져도 제 기능을 하지 못하는 연결고리처럼 존재한다는 사실을 앞에서 살펴보았다.

이제 자제력을 통해 각각의 원칙을 이용 가능한 힘으로 응집하여 실생활에 적용할 수 있다. 이러한 응집 효과는 열일곱 가지 원칙들이 저마다 하나의 배터리라고 보았을 때 분명히 나타난다.

배터리들을 적절히 연결하면 각 배터리가 가진 힘을 합친 결과가 나타난다. 자제력이란 열일곱 가지 힘을 활용하는 특별한 배터리인 셈이다. 자제력과 여타 다른 원리 간의 중요성을 제대로 알아야 열일곱 가지 원칙을 통해 이용 가능한 전체적인 힘으로 사용할 수 있기 때문이다. 이러한 이유로 자제력은 우리가 원하는 힘이 통과하는 병목 구간이 된다.

카네기는 자제력의 중요성을 누누이 강조해 왔다. 자신을 통제하지 못하는 사람은 어떠한 성취도 이룰 수 없다는 사실을 경험을 통해 이미 깨달았기 때문이다. 또한 직간접적인 체험을 통해 생각을 통제하는 습관이 몸에 밴 사람은 최고의 지위와 원하는 것이라면 무엇이든 쉽게 얻을 수 있다는 사실도 중요시한다.

자제력은 자기 생각을 조절하는 행동이다. 자제력은 구구단처럼 외워서 깨닫게 되는 게 아니라 오직 인내심으로만 터득할 수 있다.

앞으로 설명하는 지시에 따라 끊임없이 노력하면 자기 생각을 통제할 수 있게 된다. 노력하지 않는다면 작은 것조차도 얻을 수 없을 것이다. 자제력이 없는 사람은 당장 성공이 눈앞에 보이지 않으면 바람에 휩쓸리는 나뭇잎처럼 이리저리 방황한다. 하지만 자제력으로 무장한 사람은 명확한 목표 아래 자신의 꿈을 이룬다.

이제 앤드류 카네기가 들려주는 경험담을 통해 자신의 마음을 완벽하게 다스리는 특권을 누려보자.

힐   성공의 여덟 번째 원칙으로 자제력에 대해 말씀하셨는데요, 자제력의 역할에 관한 질문을 먼저 드리겠습니다. 또 어떻게 해야 자제력을 일상생활에 적용할 수 있을까요?

카네기   우선 자제력이 필요한 시점부터 설명하겠습니다. 그다음 자제력을 연마하는 방법에 대해 차근차근 검토하도록 하지요.

자제력은 생각을 통제하는 데서 시작합니다. 생각을 통제하지 못하면 행동 역시 통제할 수 없습니다. 자제력을 발휘하여 충분히 생각한 뒤에 행동으로 옮겨야 하는데, 대부분의 경우 행동부터 한 뒤에 생각하게 되지요.

자제력은 긍정적 감정과 부정적 감정을 지배하여 다스리게 해줍니다. 감정에 영향받은 행동들로 사람의 인생이 달라지고 세계가 움직인다는 것을 안다면 감정을 통제하는 것이 얼마나 중요한지 아실 겁니다.

앞에서 설명한 열네 가지 기본 감정에 대해 다시 한번 언급하겠습니다. 자제력은 모든 감정을 완벽하게 장악하는 것으로부터 출발하므로, 기본 감정을 이해하는 것은 매우 중요합니다.

일곱 가지 긍정적 감정	일곱 가지 부정적 감정
1. 사랑	1. 두려움
2. 섹스	2. 질투
3. 희망	3. 증오
4. 신념	4. 복수심
5. 열정	5. 탐욕
6. 충성	6. 분노
7. 욕구	7. 미신

감정은 마음의 상태이며 얼마든지 통제할 수 있습니다. 부정적 감정을 다스리지 못하면 그 결과는 치명적입니다. 긍정적 감정 역시 제대로 다스리지 못하면 부정적 감정과 다름없이 파괴적인 결과가 나타납니다.

성공의 정상을 향해 달려가느냐, 실패의 구렁텅이로 곤두박질치느냐는 '마음가짐'에 달려 있습니다. 교육, 경험, 지적 능력 그 어느 것으로도 파괴적인 결과를 되돌리거나 바꿀 수 없습니다.

힐　　부정적 감정을 다스리지 못해 발생한 실패에 대해서는 이해가 되는데요, 긍정적인 감정에 대해서는 잘 이해가 되지 않습니다.

카네기　긍정적 감정을 추진력으로 변화시켜 목표를 달성하는 경우를 들려드리겠습니다. 찰리 슈왑이 그 대표적인 예로, 제가 오랫동안 지켜보면서 깨달은 겁니다.

함께 일을 시작한 지 얼마 되지 않았을 때 찰리 슈왑은 회사에 반드시 필요한 존재가 되기로 결심했습니다. 명확한 목표를 세운 다음 욕구를 다스리기 시작했지요. 욕구를 하나하나 성취하는 과정에서 명확한 목표, 마스터 마인드, 매력적인 성품, 신념, 보상을 바라지 않고 일하는 습관, 계획적인 노력, 창조적인 상상력, 자제력 등 앞에서 설명한 성공 원칙들을 다양하게 적용해 나갔습니다.

찰리 슈왑은 자제력으로 다른 일곱 가지 원칙들을 정립하며 다스렸습니다. 동료들을 성실히 대하고, 열정적으로 일하며, 업무에 관련해서는 반드시 성공한다는 계획을 정했고, 성공을 향한 믿음을 갖고 있었지요. 이러한 자제력의 이면에는 충성, 열정, 희망, 신념 등이 숨어 있었습니다. 또한 아내에 대한 사랑도 한결같았지요.

그의 성공에서 자극제가 된 감정은 사랑, 그리고 경제적 이익을 추구하고자 하는 욕구였습니다.

힐　슈왑이 성공할 수 있었던 원인을 제가 한번 정리해 보겠습니다.

슈왑은 먼저 자신이 원하는 바를 결정한 다음 명확한 목표를 세웠습니다. 그런 다음 목표를 추진할 계획을 세우고 보상을 바라지 않은 채 열심히 일했습니다. 그리고 당신을 비롯한 동료들과 조화를 이루어 마스터 마인드 연합을 만들었지요.

긍정적 성과를 내기 위해 창조적인 상상력의 중요성을 인식한 다음 신념을 가졌습니다. 그리고 동료와 주변 사람들을 즐겁게 해줄 수 있는 매력적인 성품을 갖추어야겠지요. 무엇보다 이 모든 것을 바탕으로 자신이 맡은 업무를 마칠 때까지 인내하려면 자제력이 필요합니다. 회사에 꼭 필요한 사람이 되겠다는 명확한 목표에 모든 욕구가 종속되어야 하니까요.

그의 이런 노력 뒤에는 두 가지 동기인 아내를 향한 사랑과 경제적 성공에 대한 욕구가 있었습니다. 그리고 명확한 목표를 이루는 데 필요한 모든 긍정적 감정들을 습관화하여 최대한 이용했습니다.

카네기　　말씀하신 대로입니다. 그가 성공 원칙을 사용하지 않았다면 성공 기회는 줄어들었을 겁니다. 그가 성공할 수 있었던 이유는 바로 성공 원칙을 계획적으로 적용했다는 것이지요. 그가 성공할 수 있었던 건 자제력이 큰 역할을 했습니다. 슈왑이 감정을 아무 절제 없이 발산했다면 그 결과는 아주 달라졌을 겁니다.

회사에 찰리 슈왑처럼 빠르게 성공을 이룬 사람이 또 한 명 있었습니다. 능력 면에서는 슈왑에 뒤떨어지지 않았습니다. 명문 대학에서 화학을 전공하여 학력에서는 슈왑보다 우월했지요. 하지만 그는 슈왑과 달랐습니다. 자신의 허영심을 채우기 위해 돈을 버는 것이 그의 유일한 목표였지요.

사랑의 욕구가 있었지만, 그것마저도 타인에게 과시하기 위한 수단일 뿐이었습니다. 하지만 그는 마스터 마인드 연합의 멤버 자리까지 올라왔습니다. 그러나 협력하지 않는 오만한 태도와 자만심 때문에 결국 그 자리에서 물러날 수밖에 없었지요.

힐   그 사람의 가장 큰 약점은 무엇이라고 생각하십니까?

카네기   자제력 부족입니다. 그가 감정을 통제할 줄 알았다면 찰리 슈왑보다 적게 노력하고도 원하는 만큼 성공할 수 있었을 겁니다. 슈왑보다 유리한 배경과 학벌이 있었으니까요. 하지만 그는 긍정적인 감정을 다스리고 통제하는 데 실패했습니다. 뭔가 잘못되고 있다는 것을 느끼자 질투, 두려움, 증오 같은 부정적 감정에 사로잡히게 되었지요.

그는 성공한 사람을 보면 질투하거나 미워했습니다. 그들이 자기보다 뛰어나니까요. 결국 사람들을 두려워하기 시작했고, 특히 자기 자신을 가장 두려워했습니다. 자신을 반대하는 사람들

틈에서 성공에 대한 확신이 흔들리지 않을 만큼 강한 사람은 없으니까요.

저는 다른 사람들보다 빠르게 승진한 직원들에게 경솔하게 행동하지 않도록 충고해 주고는 합니다. 전에 없던 권력을 얻으면 갑자기 큰돈을 번 듯한 기분에 빠지기 쉽습니다. 돈의 노예가 되지 않기 위해 조심하는 것과 마찬가지로 권력의 노예가 되지 않도록 조심해야 합니다.

자제력이 중요한 이유가 바로 여기에 있습니다. 자기감정을 통제하는 사람은 남에게 적대감을 주지 않으며, 동시에 남을 도울 수 있습니다.

힐   긍정적 감정을 명확한 목표 아래 조직적으로 관리하면서, 부정적 감정은 완전히 정복해야 한다는 말씀인가요?

카네기   예, 그렇습니다. 자제력은 감정보다도 인격적인 완벽함을 요구합니다. 타이밍이 맞아야 하고 계산도 치밀해야 하지요. 원하는 결과를 얻지 못했다고 해서 포기해서는 안 됩니다. 때를 기다리며 인내할 줄 아는 지혜를 갖춰야 합니다.

높은 지위에 오르는 큰 목표가 있다면 사소한 일에 신경 쓸 겨를이 없을 겁니다.

생각하는 습관을 길러라

힐　　자제력의 가장 두드러진 특징은 무엇일까요?

카네기　　그 부분은 성공의 열 번째 원칙에서 자세히 설명해 드리겠습니다.

흔히 사람들은 자제력의 적은 부정적 감정이라고 생각합니다. 물론 부정적 감정은 성공을 꿈꾸는 이라면 주의해야 할 장애물입니다. 자제력은 구체적인 습관에서 시작합니다. 특히 식습관과 음주, 이성 교제 같은 자유 시간을 어떻게 쓰고 있는가와 관련이 있지요.

일반적으로 자유 시간을 지혜롭게 사용하는 사람은 다른 습관들도 잘 조절합니다. 또한, 여덟 가지 성공철학을 마스터한 사람은 그러한 습관을 구체화한 뒤 자신을 위해 건설적으로 활용합니다.

습관은 명확한 목표에 따라 결정된다는 것을 명심해야 합니다. 보상을 생각하지 않고 일하려면 먼저 그것을 습관으로 삼아야 합니다. 보상을 생각하지 않고 일하는 습관이 몸에 배려면 시간이 필요합니다.

창조적 상상력이라는 강력한 동기에 사로잡힌 사람에게는 변화가 생긴다는 사실도 기억하십시오. 이러한 습관이 몸에 밸

때까지 자제력은 반드시 필요하지요.

힐   인간의 모든 행동은 명확한 목표 뒤에 자리한 동기를 중심으로 움직인다는 것을 다시 한번 깨달았습니다. 그리고 성공은 동기에서부터 출발한다는 말씀이지요?

카네기   그렇습니다. 성공하려면 명확한 동기에 사로잡혀야만 합니다. 그만큼 강렬하지 않으면 생각을 복종시킬 수 없으니까요. 흔히들 동기와 단순한 바람을 혼동하는데, 단순히 바라기만 해서는 성공할 수 없습니다. 만약 그랬다면 누구나 성공했을 겁니다.
무수히 많은 것을 바라지만 동기가 명확하지 않으면 백일몽에 그칠 뿐입니다. 동기에는 생각을 지배하는 영향력이 있어야 합니다. 그리고 행동으로 옮길 만큼 강렬해야 합니다. 노력하지 않으면 전혀 쓸모가 없습니다. 매일 실천해야 하는 이유가 바로 여기에 있습니다. 계획을 실천에 옮길 수 있는 인내력은 동기에서 나온다는 걸 명심하세요.

힐   말씀을 듣다 보니 갑자기 질문이 떠오르는군요. 당신은 엄청난 성공을 이루고 재력 또한 갖춘 세계적인 기업가입니다. 그런 당신이 성공철학을 수립하려는 까닭은 무엇입니까?

제 생각에는 더 이룰 것이 없을 것 같은데요.

카네기　아직 제가 바라는 모든 것을 다 이루었다고 생각하지 않습니다. 물론 필요한 정도보다 훨씬 더 많은 돈을 벌어들였지만, 그만큼 사회에 기부를 많이 하기도 합니다.

제 소망은 유형, 무형의 재산을 모을 수 있게 해준 지식을 하나의 철학으로 완성하여 성공을 꿈꾸는 사람들에게 기쁨과 행복을 주는 것입니다.

사람들을 만나면 만날수록 성공철학이 꼭 필요하다는 사실을 깨닫게 됩니다. 자신의 이익을 추구하면서 남에게 손해를 입히지 않는 사람은 거의 없었습니다. 노력하지 않고 얻기만을 바라는 일도 많고요. 그런 생각으로는 실패할 수밖에 없는데도 말이지요.

힐　처음부터 성공철학을 정립하겠다는 목적이 있었나요?

카네기　처음에는 단지 자아를 실현하고 경제적인 영향력을 발휘하고 싶다는 생각이었는데, 그 목표를 달성하고 나니 더 크고 숭고한 목표, 즉 돈을 벌기보다 인재를 발굴하자는 목표가 생겼습니다.

동시에 부자를 꿈꾸는 이들에게 완벽한 인생철학을 가르쳐주고 싶다는 소망을 품게 되었습니다.

문명이 발달하면서 생활수준이 향상되는 것처럼, 사람들도 지금보다 더 나은 인간관계를 위해 더 많은 것을 배워야 합니다. 무엇보다 물질적인 부 이상의 더 귀하고 값진 부가 있다는 사실을 알아야 합니다. 원대한 이상은 우리에게 도전의식을 심어 줍니다. 그래서 사람들에게 건강한 성공철학을 제시하는 게 제 목표가 되었습니다.

힐 말씀을 들으니 자제력은 건설적인 습관에서 생긴다는 생각이 듭니다.

카네기 맞습니다. 실패와 성공은 습관에 달려 있습니다. 다행히 습관은 후천적이어서 통제할 수 있습니다. 습관 중에서도 가장 중요한 것은 생각하는 습관입니다. 생각하는 습관에 따라 행동과 인격이 결정됩니다. 생각을 통제하는 사람은 어느 정도 자제력이 있는 사람입니다.

생각하는 습관은 명확한 목표에서 출발합니다. 동기가 분명하고 확실하면 생각하는 습관을 갖는 것은 그렇게 어려운 일이 아닙니다. 하지만 목표가 없는 자제력은 있을 수 없고, 설령 있더라도 가치가 없다는 것을 명심하세요.

차가운 이성과 뜨거운 가슴의 조화

힐   자제력은 생각하는 습관뿐만 아니라 신체적인 습관과도 관련이 있군요.

카네기   자제력이란 말 그대로 자신을 완전히 이겨내는 훈련입니다. 자제력은 감정과 이성의 사이에서 균형을 취하는 능력을 가리킵니다.

따라서 상황에 따라 적절히 이성 또는 감정으로 대응하는 법을 배워야 합니다. 감정을 배제할 필요가 있을 때는 이성적으로 생각해야 합니다. 물론 애정 문제에서 그렇게 해서는 곤란하겠지요.

여자들이 하자는 대로 생각 없이 따르며 무의미하게 시간을 허비하는 남자들이 있는데, 그런 사람은 큰 성공을 거두지 못한다는 것은 두말할 나위도 없습니다. 반대로 늘 머리로만 따지려는 냉정한 사람들도 있지요. 두 경우 모두 진정으로 행복한 삶을 살 기회를 놓치는 사람들입니다.

힐   그래도 감정에 이끌리는 사람보다 이성적 판단을 하는 사람이 더 안전하지 않을까요?

카네기 그다지 현명한 생각이 아닙니다. 그것이 가능하다 할 지라도 말이지요. 이성적인 판단을 내리는 추진력은 감정에서 생기기 때문입니다. 제 말의 뜻은 감정을 통제하고 훈련하자는 것이지, 아예 없애 버리라는 게 아닙니다. 더욱이 인간의 원초 적 감정을 없애기란 매우 힘든 일이지요.

감정을 댐의 물처럼 가두었다가 내보낼 수는 있지만 아예 없앨 수는 없습니다. 자제력은 목표를 이루는 수단으로 감정을 다스 리기도 하고 분출시키기도 합니다.

가장 강력한 감정은 사랑과 섹스입니다. 이 두 가지 감정은 창 조주가 종족 유지와 인간의 화합을 위해 부여한 자질입니다. 선물로 주신 감정을 파괴하려는 사람은 없을 겁니다. 감정은 인간이 가진 위대한 힘이니까요.

희망과 믿음이 없는 세상이 인간에게 무슨 의미를 가질까요? 열정, 신의, 욕구도 없이 오직 이성적인 능력만 남아 있는 세상 에 좋은 것이 있을까요?

희망, 신념, 열정, 충성, 욕구는 사랑과 섹스의 다른 표현입니 다. 사랑과 섹스는 자연스러운 감정입니다. 인간에게서 사랑과 섹스의 감정을 제거한다면 거세당한 동물처럼 온순해지겠지 요. 하지만 이성적인 능력만 갖춘 사람이 대체 무엇을 할 수 있 을까요?

힐   선천적인 감정을 자신이 원하는 방향으로 끌고 가는
도구가 자제력이라는 말씀인가요?

카네기   그렇습니다. 창조적인 상상력은 사랑과 섹스라는 감
정을 특별한 계획과 목표로 변화시키는 자제력에서 나옵니다.
위대한 예술가나 음악가, 작가, 의사, 건축가, 발명가, 과학자,
기업가는 끊임없는 노력으로 사랑과 섹스의 감정을 다스린 결
과 위대한 업적을 이룰 수 있었습니다.
사랑과 섹스를 건설적인 에너지로 바꾸는 능력은 성공을 향한
열망에서 무의식적으로 이뤄지는 경우가 대부분이지만, 계획
적으로 이루어지는 경우도 있습니다.

힐   본능적으로 사랑과 섹스에 능하다는 것은 인간에게
다소 모욕적이지 않을까요?

카네기   신이 부여하신 자연스러운 선물을 남용할 때는 그렇
겠지요. 사랑과 섹스에 대해 무지하거나 그것이 지닌 잠재력을
무시하면 누구나 그럴 수 있습니다.

성공한 사람의 배후에는 사랑이 있다

힐   성 충동을 자제력으로 잘 다스려 자신이 원하는 형태로 바꾸는 일이 가장 중요하다는 뜻인가요?

카네기   맞습니다. 덧붙이자면 성 충동을 통제하는 사람은 다른 부분에서도 자신을 쉽게 다스릴 수 있습니다. 그러므로 성 충동은 의식하건 못 하건 인간이 하는 모든 일에 영향을 미칩니다.

사랑과 섹스를 다스리지 못하는 사람은 다른 감정 역시 제대로 다스리지 못합니다.

찰스 디킨스의 예를 들겠습니다.

그는 비극적인 사랑을 겪고 나서, 위대한 작품 《데이비드 코퍼필드》를 썼습니다. 첫사랑의 아픔을 좌절 대신 작품에 대한 열정으로 승화시켜 큰 성공을 거둔 것이지요.

에이브러햄 링컨은 사랑하던 연인의 죽음으로 깊은 상실감에 빠졌습니다. 하지만 상처 입은 마음을 정치적 신념으로 승화시켜 미국 역사상 가장 위대한 대통령이 될 수 있었습니다.

나폴레옹 보나파르트는 첫 번째 아내 조세핀과의 마스터 마인드 연합으로 천재적인 군사력을 발휘했습니다. 하지만 감정이 이성을 지배하면서 비극이 시작되었고, 마침내 조세핀과 멀어지고 말았습니다.

성공철학에 대해 연구가 깊고 폭넓어질수록 성공한 남성들의 배후에는 훌륭한 여성들이 있었다는 사실을 더 많이 발견하게 될 겁니다. 남녀의 정서적 결합은 성공의 필수 조건인 동시에, 실패와 절망을 겪더라도 굴하지 않을 의지를 북돋아 줍니다. 이 성과의 조화로운 교류를 통해 위대한 정신력을 갖게 되는 것이지요. 섹스는 육체적 욕구의 표현이 아닌 인간의 창조적인 감정입니다. 하지만 저속한 의미로 잘못 쓰이면 지적인 존재로서의 품위를 떨어뜨릴 수도 있습니다.

힐   다시 말해 섹스는 인간의 장점이자 약점이 될 수도 있다는 말씀이군요.

카네기   간통처럼 사랑의 감정이 없는 섹스는 가장 위험합니다. 사랑과 섹스가 함께 조화를 이룰 때 창조적인 힘이 생깁니다.

힐   사랑이 없는 섹스는 재앙과 다를 바 없겠군요.

카네기   네, 맞습니다. 그러면 이제 감정을 조절하는 방법에 대해서 알아볼까요? 감정에서 나오는 거대한 추진력을 명확한 목표로 바꾸면 됩니다. 설령 사랑의 영향력은 받지 않더라도 매우 귀중한 재산이 될 수 있습니다.

섹스의 감정에 특별한 표현 방식이 있는 건 아닙니다. 앞에서도 말했지만 그것은 댐으로 막아둔 강물처럼 한번 터지면 걷잡을 수 없게 됩니다.

따라서 감정을 잘 다스리지 못할 경우 큰 손해를 입게 됩니다. 신경정신과에서는 사랑과 섹스를 통제하지 못하는 것도 심리 장애로 간주하고 해결 방안의 하나로 자제력을 꼽습니다.

힐   자제력이 우리의 일상생활에서 특히 인간관계에서는 어떠한 영향력을 미치는지 설명해 주시겠습니까?

카네기   자제력은 성공에 영향을 미칠 뿐 아니라 삶의 어려운 문제를 극복하는 데 도움을 줍니다. 모든 행동에는 반드시 동기가 있다고 말씀드렸지요. 그중에서도 사랑과 섹스가 가장 강력한 동기라는 사실은 결코 우연이 아닙니다. 위대한 문학 작품이나 예술에는 공통적으로 사랑이라는 주제가 담겨 있습니다.

셰익스피어의 작품들을 보면 사랑과 섹스라는 주제에 비극적 요소와 희극적 요소가 두루 섞여 있지요. 셰익스피어의 작품에서 사랑이라는 주제를 빼면 그저 그런 상투적인 작품에 불과할지도 모릅니다.

뛰어난 웅변가는 사랑과 섹스를 열정으로 승화시켜 자기만의 개성으로 사람의 마음을 사로잡는 사람입니다. 훌륭한 주제와 완벽한 언어로 된 연설이라 해서 언제나 사람의 마음을 움직이는 것은 아닙니다. 머리로 이해할 수는 있으나 가슴으로 받아들여지지 않는다면 말이지요.

감정이 느껴지지 않거나 감정의 측면이 무시된 말은 타인에게 감동을 줄 수 없습니다. 자기 생각이 독자에게 전달되지 않기를 바라며 글을 쓰는 작가는 없을 겁니다.

노련한 사람은 평소 나누는 대화에서도 감정을 표현할 때와 절제할 때를 구별합니다. 자신의 의견을 드러내야 할 때가 있는 것처럼 숨겨야 할 때도 필요하니까요.

그래서 이런 사람은 상대방을 파악할 때도 말에 의지하는 것이 아니라 무의식중에 드러나는 감정에 대한 직관으로 판단하는 경우가 많습니다.

여자들은 직감으로 남자의 애정 표현이 진심인지 아닌지 구별하기도 합니다. 가슴에서 우러나온 남자의 말을 잘못 해석하는 경우도 있지만, 어쨌든 말보다 거기에 포함된 있는 그대로의 감정으로 파악되는 경우가 많습니다.

말이나 글로 감정을 표현하는 것이 얼마나 중요한지 아시겠지요. 그럴듯한 말로 포장한다고 하더라도 자신의 감정이 담기지 않은 글이나 말은 단 한 줄, 단 한 마디도 상대방에게 가닿지 않습니다.

힐   그렇다면 부정적이거나 긍정적인 감정이 말에서 느껴진다는 말씀인가요?

카네기   물론입니다. 두려움이나 질투, 분노 같은 부정적 감정을 통제해 긍정적인 추진력으로 바꿔야 하는 이유가 거기에 있습니다. 부정적 감정에 숨어 있는 위험을 가치 있게 바꾸는 감정이 자제력입니다.
때로 두려움과 분노로부터 영감을 얻기도 하지만, 부정적 감정에서 비롯된 모든 행동은 자제력으로 다스릴 때 건설적인 목표가 될 수 있습니다.

힐   부정적 감정이든 긍정적 감정이든 행동하기 전에 이성적 판단을 거쳐야 합니까?

카네기   어떤 일을 할 때 생각을 전혀 하지 않고 전적으로 감정에 의지하는 사람은 없을 겁니다. 처음에 말했듯이 자제력은 이성적 판단, 즉 두뇌와 감정의 적절한 균형에 있습니다.
인간을 '영과 육의 결합'이라고 정의한 《웹스터 사전》처럼 인간은 이성적 능력과 감정 모두에 의지해 행동을 결정합니다.
이처럼 자제력은 인간의 감정과 이성을 모두 이용하여 인생에서 일어나는 모든 상황에 적절히 대처할 수 있도록 해줍니다.

자제력으로 무장한 사람은
명확한 목표 아래
자신의 꿈을 이룬다.

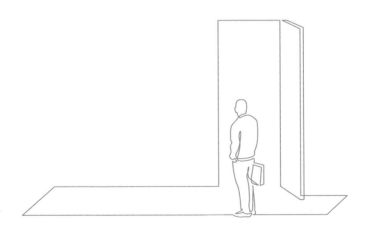

Think
And
Grow
Rich

조직적인

사고를 하라

66

조직적인 사고에서
실천을 대신할 만한 것은 아무것도 없습니다.
생각은 실천을 통해
구체적인 행동으로 옮겨집니다.
하지만 행동으로 표현되기 전까지
조직적인 사고는
습관이 되지 않습니다.

99

<u>힐</u>　　　성공의 아홉 번째 원칙으로 조직적인 사고를 말씀하셨습니다. 조직적인 사고 없이 성공할 수 있다고 믿는 사람은 아마 없을 겁니다. 조직적인 사고의 일반적 의미는 알고 있습니다만, 실생활에 어떻게 적용해야 하는지 그 의미를 설명해 주시겠습니까?

<u>카네기</u>　　　먼저 사고력이 무엇인지 생각해 볼까요? 생각이란 무엇입니까? 사람은 생각을 통제할 수 있을까요?

우리는 원하는 대로 생각을 통제하고 감독할 수 있습니다. 생각은 우리의 통제를 완벽하게 받아들이지요. 바꿔 말하면 자신의 동의가 있어야만 다른 사람의 생각을 받아들일 수 있다는 겁니다. 우리는 타인과 의견을 나누기 위해 마음을 활짝 엽니다. 하지만 경솔한 말과 행동과 표정으로 자기 생각을 있는 그대로 드러낼 때도 있지요.

힐   열린 마음을 가져야 한다는 말씀인가요?

카네기   그렇습니다. 열린 마음은 사람들의 다양한 생각을 폭넓게 수용하게 하므로 매우 유익합니다.

힐   조직적인 사고의 중요한 단계 중 하나는 여러 사람의 경력과 교육, 지식이 결합한 마스터 마인드 연합인 것 같습니다.

카네기   정답을 이야기하셨네요. 말씀하신 것처럼 조직적인 사고에서 가장 중요한 단계가 마스터 마인드 연합입니다. 그런데 조직적인 사고는 생각하는 습관에서 시작되지요.
유능한 마스터 마인드 연합 멤버가 되려면 명확하면서도 통제된 사고의 습관을 갖춰야 합니다. 모든 멤버가 생각을 통제하는 훈련이 되어 있어야 조직 전체의 의견을 수용할 수 있습니다. 자기 생각조차도 통제할 수 없는 사람이라면 어떻게 마스터 마인드 연합에서 완벽한 조화를 기대할 수 있겠습니까?

힐   지금 말씀은 자기의 생각을 통제하는 훈련을 하지 않으면 생각을 다스릴 수 없다는 뜻인가요?

카네기   맞습니다. 사고하는 습관을 길러야 생각을 통제할 수 있다는 사실을 기억하십시오. 일단 습관이 생기면 큰 노력 없이도 생각을 다스릴 수 있습니다.

힐   하지만 생각하는 습관을 기르기가 쉽지 않은데, 어떻게 훈련하는 것이 좋을까요?

카네기   습관을 형성하는 것은 어렵지 않습니다. 사실 우리는 의식하지 못하는 사이에 끊임없이 생각하고 답을 찾으며 살아갑니다.

인간은 늘 주변 상황에 어떻게 대처할지 선택해야 하는 갈림길에 서 있습니다. 그러므로 자제력은 명확한 목표에 기초해서 동기를 분명히 할 때 생깁니다.

이 문제를 다르게 설명하면, 명확한 목표 이외에 다른 것을 생각할 시간과 기회가 만들어지지 않을 정도로 강렬한 흥미를 느껴야 합니다. 이것으로부터 사고의 습관이 형성됩니다.

성공에 대한 열망이 강할수록 성공을 거두기 위해 노력하려는 의지도 강해지고, 성공할 수 있는 길에 대해 끊임없이 생각하는 습관도 생깁니다.

힐   그럼 조직적인 사고는 명확한 목표의식에서 출발합니까?

카네기 그렇습니다. 모든 것이 명확한 목표에서 시작되지요. 명확한 목표와 관련해 함께 생각해야 하는 요소가 한 가지 더 있는데, 목표는 강렬한 행동으로 표현될 수 있다는 겁니다. 명확한 목표를 이루고야 말겠다는 강한 욕구가 목표를 추진하는 데 영향력을 발휘합니다. 그렇게 되려면 무엇보다 목표가 강렬해야겠지요. 성공을 향해 타오르는 열망이 있어야 한다는 겁니다. 성공을 향한 열망이 뜨거우면 다른 생각은 끼어들 틈이 없습니다.

힐 예를 들어 사랑에 빠진 젊은이라면 사랑하는 사람에 관한 생각에 온통 사로잡히겠지요. 이런 생각은 통제하기 어렵겠네요.

카네기 적절한 예를 들어주셨습니다. 그런 문제에서도 사업 확장이나 부를 축적하는 문제와 다름없이 어떻게 목표를 이룰 것인지에 대한 분명한 계획이 있어야 합니다.

힐 하지만 이성 교제에 쏟는 열정과 물질적인 부를 성취하려는 욕구는 서로 다르지 않습니까?

카네기 물론 그렇지요. 하지만 인간의 부에 대한 욕구를 자극하는 감정이 어떤 것들인지 떠올려 보십시오.

인간의 아홉 가지 기본 동기를 생각해 보면 모든 욕구가 감정에서 나온다는 사실을 알 수 있습니다. 부에 대한 열망은 모든 사람이 보편적으로 가진 명예, 자존심, 심신의 자유와 같은 다양한 욕구 중 하나입니다.

사랑을 비롯한 모든 감정은 원하는 목표를 성취하겠다는 욕구로 변화할 수 있습니다. 연인에 대한 사랑의 감정과 부에 대한 욕구가 결합하면, 사랑하는 연인을 기쁘게 하기 위해 부를 얻고 싶다는 강한 욕구로 변할 수 있다는 겁니다. 그렇게 되면 부의 축적에 대한 동기가 배로 커집니다.

힐   무언가를 성취하고자 할 때 영향을 미치는 동기는 대체로 일곱 가지 긍정적 감정이 아닌가요?

카네기   원하는 목표를 이루어가는 과정에서 긍정적, 부정적 감정 모두가 행동에 영향을 미칩니다. 두려움은 행동을 추진하게 만드는 힘이 있지요. 하지만 두려움이라는 감정에서 긍정적인 효과를 얻기 위해서는 노력하지 않아도 자연스럽게 될 수 있도록 습관을 통제해야 합니다.

힐   노력하지 않아도 습관이 몸에 밴다는 말씀인가요?

카네기   일단 한번 정해지면 그렇게 됩니다.

힐   '일단 한번 정해지면'이라고 하셨는데, 습관은 어떻게 정해지나요? 어떻게 평생 그렇게 될 수 있습니까?

카네기   습관은 잠재의식에서 생긴 사고를 통해 만들어진 미지의 자연법칙에 의해 정해집니다. 하지만 이 법칙은 습관을 만드는 것이 아니라 습관이 자동으로 일어나도록 도와줍니다. 습관은 생각이나 행동을 반복하는 데서 시작됩니다. 생각에서 비롯된 감정에 따라 생각하는 습관이 저절로 생겨나는 거죠.

힐   그렇다면 습관이 형성되는 것을 개인이 통제할 수 있나요?

카네기   물론입니다. 습관 형성의 통제가 조직적인 사고에서 가장 중요하다는 말이 이제 떠오르실 겁니다. 이 부분이 지금 하는 인터뷰에서 아주 중요한 부분입니다. 습관을 정해 하나씩 실천하다 보면 저절로 몸에 뱁니다. 그 후에는 의식하지 않아도 저절로 반복하게 되지요.

힐   미지의 자연법칙에 의해 습관이 정해지면 죽을 때까지 계속됩니까?

카네기 그렇습니다. 이것은 정신과학에서 가장 중요하게 여기는 분야 중 하나입니다. 인간이 자기 정신을 소유할 수 있다는 뜻과 맥이 닿아 있으니까요. 이 비밀을 완전히 밝혀내는 사람은 인류에 위대한 공헌을 하는 겁니다.

이런 이야기가 있습니다.

한 교회의 목사가 두 시간 동안 죄에 대해 설교한 후에 더 자세히 들려달라는 요청을 받았습니다. 그러자 목사는 "우리가 가장 많이 저지르면서도 가장 모르고 있는 것이 바로 죄입니다." 라고 말했다고 합니다.

우리가 습관에 대해 알고 있는 사실은 반복된 생각과 행동이 평생 지속된다는 겁니다. 물론 더 강력한 자연법칙이 생기면 습관도 그에 따라 바뀌거나 수정되며 없어질 수도 있습니다.

모든 습관은 명확한 동기나 목표에서 생깁니다. 자제력을 통해 불필요한 습관을 없애고 원하는 습관을 형성할 수 있다는 것을 이제 아셨을 겁니다.

힐 자제력은 습관 형성에 꼭 있어야만 하는 요소군요.

카네기 자제력과 조직적인 사고는 동의어입니다. 자제력 없이는 조직적인 사고가 불가능하니까요. 결국, 조직적 사고란 신중히 선택한 생각이라고 할 수 있습니다.

생각하는 습관은 엄격한 자제력을 거쳐 형성됩니다. 동기와 열망이 강력할수록 자제력이 잘 발휘됩니다.

목적을 이루기 위한 강렬한 욕구와 명확한 동기가 있는 사람은 사고의 습관을 형성하는 일에 큰 어려움이 없을 겁니다.

힐 개인적인 관심이 높은 주제에 대해서는 생각하는 습관을 갖기가 쉽다는 의미인가요?

카네기 그렇습니다. 미루는 것이 몸에 밴 사람은 결국 인생의 실패자, 낙오자가 됩니다. 그게 무엇이 되었든 성취하려는 동기가 없으니까요. 그런 사람은 자신이 무엇을 해야 할지 아무 계획이 없어 생각이 정리되어 있지 않은 경우가 많습니다.

힐 시간과 능력을 최대한 활용하려는 사람의 입장에서 조직화된 사고의 혜택에 관해 설명해 주시겠습니까?

카네기 혜택이 너무 많아서 어느 것부터 말해야 할지 난감하군요.

조직적인 사고로 얻는 혜택

- 생각을 지배하여 감정을 통제할 수 있다.
- 명확한 목표를 끌어내 미루지 않는 습관을 형성한다.
- 분명하고 계획적인 습관이 증대한다.
- 잠재의식을 자극하여 성공을 향한 원대한 행동을 유발한다.
- 독립심이 발달한다.
- 마스터 마인드 연합을 통해 타인과 지식, 경험, 교육을 공유하게 해준다.
- 부의 증대에 힘쓴다.
- 문제의 구체적인 해결책을 찾을 수 있다.
- 자기 연민과 게으름에 빠질 여유가 없어서 건강에 도움이 된다.
- 마음의 평안을 가져온다.

우리의 뇌는 잡초가 가득한 꽃밭과 같아서 부지런히 돌보지 않으면 불필요한 생각들이 잡초처럼 들어차고 맙니다. 생각하는 습관을 실천하다 보면 조직적인 사고에서 얻는 혜택을 누리게 됩니다. 성공은 규제된 삶의 결과로 생겨납니다. 그리고 규제된 삶은 조직적인 사고와 통제된 습관을 통해 가능합니다.

힐   조직적인 사고와 실천의 연결이 무척 중요한 것 같습니다.

카네기   조직적인 사고에서 실천을 대신할 만한 것은 아무것도 없습니다. 생각은 실천을 통해 구체적인 행동으로 옮겨집니다. 하지만 행동으로 표현되기 전까지 조직적인 사고는 습관이 되지 않습니다.

힐   조직적인 사고는 명확한 목표에서 시작되고, 목표는 습관에서 형성된 계획에서 나온다고 말씀하셨습니다. 재미없는 일도 좋아하는 일처럼 효율적으로 할 방법은 없을까요?

카네기   자신이 관심 있는 분야에서 일할 때 업무 능률도 오릅니다. 따라서 자신의 목표는 자신이 직접 선택해야 합니다. 돈을 벌기 위해 원치 않는 일을 하는 경우 대개 생활 수준이 낮을 뿐 아니라, 풍성한 삶의 질은 기대하기 어렵습니다. 강렬한 열망도 가질 수 없겠지요. 하고 싶지 않은 일을 평생 하며 살아간다는 것은 슬픈 일입니다.

힐   자신이 선택한 일을 명확한 동기를 가지고 열정적으로 할 때, 조직적인 사고가 가장 활발히 일어난다는 말씀이군요.

카네기   성공한 사람과 실패한 사람의 차이를 분석해 보면, 성공한 사람들은 자신이 좋아하는 일에 종사한다는 것을 알 수 있습니다. 여기서 시간은 그다지 중요하지 않습니다. 일하면서 느끼는 즐거움, 그리고 노동에 대한 보상에서 얻는 기쁨이 중요합니다.

힐   모든 사람이 적성에 맞게 일하는 방법을 발견할 수 있다고 생각하십니까?

카네기   물론입니다. 경제적으로 이익일 뿐 아니라 고용주와 피고용인 사이에 발생하는 불필요한 오해를 불식할 수 있는 길이기도 합니다. 월급이 적더라도 자신이 선택한 일에 종사하는 사람이 그렇지 못한 사람보다 훨씬 가치 있는 일을 하는 겁니다.

힐   직원들이 자기 일에 만족하며 최선을 다할 수 있는 근로 조건을 만들어주는 것이 고용주의 의무라고 생각합니다.

카네기   그렇습니다. 다만, 이는 현재의 산업구조에서 쉽게 해결할 수 있는 문제가 아닙니다.
다양한 직업 중에서 사람들이 하고 싶어 하는 일은 몇 개에 불과합니다. 이러한 문제를 해결하려면 기업이 인재를 선발하는 과정에서 개인의 선천적인 능력과 경력, 취향 등을 참고할 수 있는 고용구조로의 개선이 필요합니다. 또한, 업무 실적이 기대에 못 미치는 직원에게 격려 차원에서 보너스를 제공하는 등의 다양한 보상 체계가 필요합니다.

힐 그 문제는 개인이 선택한 분야의 전문성을 키워주는 방식으로 해결해야 할 것 같습니다. 하지만 어떠한 사람들이 어떠한 분야에 종사하는지 알 수 없으므로 일단 고용구조를 파악할 수 있는 비즈니스와 산업구조에 대한 주기적인 조사가 필요할 것 같습니다.

카네기 저도 같은 생각입니다.

힐 조직적인 사고는 산업을 다루는 교육 부문에서부터 시작돼야 한다고 생각하는데요.

카네기 물론 처음에는 교육에서 출발하지만, 결과적으로는 개인의 문제라는 사실을 간과해서는 안 됩니다. 조직적 사고가 형성된 사람은 삶의 질이 달라집니다. 적극적인 사고는 다른 사람이 대신해 줄 수 없는 특권이자 의무이지요.

힐 조직적인 사고가 의무라면 생각을 정리하는 일부터 우선되어야 할 텐데요, 그렇다면 생각을 체계화하는 규칙을 소개해 주시겠습니까?

카네기   첫째, 치밀한 사고는 목표 달성을 위해 건설적으로 쓰일 때 폭발적인 위력이 있다는 사실을 알아야 합니다. 조직적으로 정리되지 않은 사고는 결국 실패로 이어집니다.

또한, 사고의 힘은 무한한 지성에서 나온다는 사실을 인정해야 합니다. 그래야 무한한 지성이 베푸는 특혜를 이용하여 자발적인 습관이 나올 수 있으니까요. 무한한 지성은 통제할 수 없지만, 자신의 육체적·정신적 습관을 조절하여 무한한 지성을 간접적으로 사용할 수는 있습니다.

둘째, 정확한 사고는 어디에서 정보를 얻고, 어떻게 이용할지 그 방법을 알아야 합니다. 막연한 짐작이나 추측을 적용해서는 안 됩니다. 마스터 마인드 연합이 필요한 이유가 바로 여기에 있습니다. 마스터 마인드 연합의 멤버들은 선천적 능력, 지식과 교육, 경력 등 여러 면을 공유하기 때문이지요.

마스터 마인드 연합을 잘 선택하면 지식이나 인간관계에서 나오는 유용한 정보를 많이 접할 수 있습니다. 마스터 마인드 연합을 형성하는 일은 조직적인 사고에서 가장 중요합니다. 이는 성공한 사람들이 생각을 자유롭게 나눌 수 있는 한 명 혹은 그 이상의 마스터 마인드 연합을 갖는다는 데서도 알 수 있습니다. 한 사람의 머리로는 완전해질 수 없으니까요.

아내라는 말에는 깊은 뜻이 담겨 있습니다. 왜냐하면 여자의 생각과 연합하지 않은 남자의 생각은 불완전하기 때문이지요. 따라서 마스터 마인드 연합은 적어도 한 명 이상의 여성을 포함하는 것이 효과적입니다. 여성과 남성의 생각이 조화롭게 결합하면 어느 한쪽일 때보다 더욱 강한 정신적 힘이 생깁니다. 이 문제를 소홀히 여긴다면 잠재의식에 돌이킬 수 없는 약점을 갖게 됩니다.

정신적인 힘은 무한한 지성을 가리킵니다. 사랑과 믿음은 사람을 고귀하게 만드는 감정입니다. 이런 숭고한 감정에 자극을 받으면, 어느새 두려움은 사라지고 순수한 상상과 열정이 샘솟습니다.

힐 마스터 마인드 원리로 다른 사람과 생각을 결합하고 정신적인 힘에 영향을 주는 것이 조직적인 사고의 역할입니까?

카네기 그렇습니다. 조직적인 사고라는 말에는 두 가지 의미가 있습니다. 하나는 선천적이든 후천적이든 간에 모두가 아는 장점에 기초한 사고이며, 다른 하나는 격려하는 사고, 정확한 지식 제공의 정보 등의 고차원적인 능력입니다.

힐 조직적 사고가 잘 훈련된 사람은 마치 슈퍼맨 같겠군요.

<u>카네기</u> 그럴지도 모르겠습니다. 어쨌든 제가 말하는 의미를 정확히 이해하셨으니 다행입니다. 사고의 힘은 스스로 한계를 정하지만 않는다면 실로 무한합니다.

<u>힐</u> 옳지 못한 방식으로 타인의 장점을 활용하여 조직적인 사고의 이득을 얻는 사람은 어떻습니까? 아무런 도덕적 강제 없이 타인의 생각을 이용하는 수완을 갖게 된다는 측면에서 슈퍼맨이 되는 방법을 가르치는 것은 위험하지 않을까요?

<u>카네기</u> 신은 타인을 해치고 파괴하는 일에 마음의 힘을 사용하는 사람이 그 목적한 바를 이루게 두지 않습니다. 따라서 조직적인 사고의 힘은 혼자 얻어야 합니다.

세계 역사를 돌아보십시오. 네로, 알렉산더, 율리우스 카이사르, 나폴레옹 보나파르트는 세계를 정복하고자 했지만, 목표를 달성하지 못했고 후세에 아무것도 남기지 못했습니다.

유구한 역사가 진리를 말해 줍니다. 마음의 힘을 이롭게 사용하는 사람만이 역사에 길이 남습니다. 예수 그리스도의 생애는 짧았지만, 그의 사역은 1,900년 동안 세계 곳곳에 전파되어 오늘날에 이르렀습니다.

<u>힐</u> 세상에는 도움이 필요한 타인에게 무관심하거나, 혼

자만 잘살면 그만이라고 생각하는 사람이 많습니다. 이러한 사
람들은 어떻게 해야 하나요? 이기심을 버리고 더불어 살아가
도록 강요해야 합니까?

카네기　　저는 필요한 만큼의 강제성을 부여해도 무방하다고
생각합니다. 사회가 정한 법규를 지켜야 할 의무는 누구에게나
있습니다. 인간 세상이 자연의 순리대로 돌아간다면 법이 필요
하지 않겠지요. 물론 강요만으로 문제가 해결되는 것은 아닙니
다. 그래서 교육이 필요합니다. 강제적인 것보다도 이러한 노
력이 훨씬 좋은 효과를 냅니다. 사람은 스스로 원해서 하는 행
위에는 기꺼이 최선을 다하니까요.

조직적으로
정리되지 않은 사고는
결국 실패로 이어진다.

Think
And
Grow
Rich

STEP
10

실패를 통해

배워라

"

실패를
긍정적인 마음가짐으로 받아들이는 것이
잠재의식에 더 큰 영향을 줍니다.
이렇게 형성된 습관은 쉽게 바뀌지 않으니까요.
잠재의식은 부정적인 경험에 저항하여
오히려 강한 의지의 반응을
끌어내 준다는 점을 유념해 주세요.

"

———— 세상을 용기 있게 사는 두 가지 방법이 있다. 하나는 실패를 긍정적으로 받아들이는 것, 그리고 다른 하나는 불행에는 희망의 씨앗이 들어 있다고 믿는 것이다.

실패로부터 유용한 열매를 거두는 방법, 원대한 성공을 향한 디딤돌을 쌓는 방법에 대해 알아보자.

실패는 축복이다

힐　올바른 태도만 있다면 실패에서도 귀중한 교훈을 얻을 수 있다고 하셨습니다. 올바른 태도란 무엇을 말하는지요?

카네기　올바른 태도란 앞으로도 실패가 이어질 것이라는 부정적인 생각을 끊어내고 실패를 도전으로 받아들여 새로운 각오를 다지는 태도를 말합니다. 다시 말해 실패는 계획을 더 효율적으로 수정하도록 알려주는 신호라고 생각하는 것이지요.

사람들은 흔히 실패라는 말에서 신체적 고통을 포함한 불쾌한 경험을 먼저 떠올립니다. 잘못된 부분을 찾아 고쳐 나가는 것은 힘들기 마련이니까요. 하지만 고통은 저주가 아닌 축복이 되기도 합니다.

실패하면 고통스러운 것이 당연하지요. 의기소침해질 수 있지만 유익한 면도 있습니다. 예를 들어 길을 잘못 들어섰다가 표지판을 발견하면 즉시 멈추고 바른길을 찾을 수 있으니까요.

힐   머리로는 이해가 됩니다. 하지만 실패의 고통이 너무 크기 때문에 자존심을 잃게 되는 경우가 많지요. 그런 경우에는 어떻게 해야 하나요?

카네기   이럴 때 우리는 자제력을 발휘해야 합니다. 자제력이 있는 사람은 자신에 대한 믿음을 지키면서 계획을 수정해 나갑니다. 절대 섣불리 행동하지 않습니다. 변화의 필요성을 깨닫게 되면 계획을 수정하면 됩니다. 목표는 바뀌지 않지요.

치밀하게 사고하는 사람은 의지력으로 모든 상황을 버틸 수 있다는 사실을 알기 때문입니다.

힐   실패를 통해 강인한 정신력을 발휘하게 된다고 해도 과언이 아니겠군요.

카네기   앞에서 말한 것처럼 부정적 감정도 건설적인 힘으로 전환하면 목적을 성취하는 데 유용하게 쓰입니다. 자제력을 통해 불쾌한 감정이 추진력을 갖게 되면 의지를 북돋아 주지요. 그러기 위해 잠재의식이 마음가짐의 영향을 받는다는 사실을 유념해야 합니다. 앞으로도 계속 실패할 거로 생각하면 잠재의식에 그렇게 새겨집니다. 그래서 마음가짐을 습관으로 형성하는 것이 중요하지요.

힐   마음가짐이 보이지 않는 잠재의식에 영향을 미친다는 말씀이군요.

카네기   그뿐이 아닙니다. 잠재의식은 반복되는 생각을 습관으로 이끌어 줍니다. 예를 들어 실패를 부정적으로 받아들이는 마음가짐이 거듭되면 잠재의식이 그에 따라갑니다. 그래서 생각의 통제가 중요합니다.
긍정적인 것이든 부정적인 것이든 실패에 대한 마음가짐도 습관이 됩니다. 실패를 약점이 아닌 장점으로 받아들이면, 생각을 통제할 수 있는 습관이 형성됩니다. 염세주의자는 습관적으로 실패를 받아들입니다.

힐   실패가 가져다주는 '유익한 열매'는 의지력을 계발하는 경험에 있다고 하는데, 카네기 씨의 생각은 어떻습니까?

카네기   부분적으로 동감합니다만, 실패를 긍정적인 마음가짐으로 받아들이는 것이 잠재의식에 더 큰 영향을 줍니다. 이렇게 형성된 습관은 쉽게 바뀌지 않으니까요.
잠재의식은 부정적인 경험에 저항하여 오히려 강한 의지의 반응을 끌어내 준다는 점을 유념해 주세요.

힐   실패를 반복하는 것도 습관이 될 수 있을까요?

카네기   실패는 습관이 될 수 있으며 가난, 근심, 염세주의와 일맥상통합니다. 부정적인 태도와 긍정적인 태도 중 어느 하나의 지배를 받으면 그것이 습관이 됩니다.

힐   저는 가난이 습관이라고는 생각해 보지 않았습니다.

카네기   가난 역시 습관의 결과입니다. 가난한 상태를 마음이 습관적으로 받아들이면 가난에서 벗어날 수 없습니다.

힐   가난을 받아들인다는 의미가 무엇인가요?

카네기   가난을 받아들인다는 것은 돈을 벌려는 목표나 계획을 갖는 것에 시도조차 하지 않는다는 겁니다. 이런 자세는 명확한 목표가 결여된 부정적인 태도입니다.
그것을 스스로 깨닫지 못했다 하더라도 결과는 같습니다. 어떤 마음가짐을 가졌는지에 따라 잠재의식이 결정됩니다.

힐   실패가 습관이라면 성공도 습관에서 나오겠군요.

카네기   그렇습니다. 성공은 습관이지요. 명확한 목표 아래 계획을 세운 뒤, 성공에 필요한 행동을 추진하게 하는 습관입니다. 그리고 잠재의식은 목표를 완성할 수 있는 아이디어를 끌어내 줍니다.

힐   불우한 환경에서 태어나 가난이라는 단어에 익숙한 사람이 부에 대한 욕구가 없는 사람들과 어울린다면 남들보다 넘어야 할 산이 많을 것 같습니다.

카네기   그렇다고 해서 아무것도 할 수 없다고 단정 짓지는 마십시오. 성공한 사람 대부분이 그런 환경에서 자랐으니까요.

힐   가난한 환경에서 태어난 어린이들에게 어떤 도움을 줄 수 있을까요?

그들에게 올바른 길을 알려주는 것이 우리의 의무일 것 같습니다. 그들의 의지와 상관없이 주어진 운명을 바꾸도록 도울 수 있을까요?

카네기   당신에게 성공철학을 정립해 달라는 임무를 맡길 때, 저와 같은 생각을 하고 있다는 사실에 무척 기뻤습니다. 당신이 열정을 가지고 해낼 것이라 확신할 수 있었지요. 저는 지금부터 가난을 정복하는 방법을 사람들에게 알려주려고 합니다. 앞에서도 말했지만 저는 제가 모은 재산을 많은 사람에게 나눠주려고 합니다. 하지만 사람들에게 진정으로 필요한 것은 돈이 아닙니다. 부를 축적하는 법, 타인과의 관계에서 행복을 찾는 법, 스스로 의사를 결정하는 지성이 필요합니다. 저 역시 이러한 원리들을 통해 유형, 무형의 재산을 모을 수 있었습니다.

빈곤은 마음가짐, 즉 습관의 문제입니다. 생각이 바뀌지 않으면 아무리 많은 돈을 손에 쥐여준다 해도 가난에서 빠져나올 수 없습니다.

가난에서 벗어나는 길은 독창적인 태도와, 맡겨진 일보다 기꺼이 더 일하려는 적극적인 마음가짐에 있습니다. 많은 사람에게 남기고 싶은 제 유산은 이것입니다.

힐   돈을 벌어야 소비의 기쁨도 누릴 수 있을 텐데요.

카네기   물론입니다. 인간이 추구하는 가장 고귀한 목표는 행복입니다. 돈을 벌면 필요한 물건을 얻을 수 있고 소비의 기쁨까지 함께 누립니다.
자신을 표현하고 개성을 추구하려는 욕구, 단지 생존에 필수적인 재화 이상의 사치품을 가지는 것 역시 행복을 느끼고 싶은 인간의 본성입니다.

힐   행복이란 돈을 갖는 것이 아니라 잘 쓰는 일에 있다는 말씀이군요.

카네기   그건 제 생각만이 아니라 엄연한 사실입니다. 풍요로움과 가난의 양극단을 모두 경험한 제 이야기를 해보겠습니다. 저는 가난한 집에서 태어났지만, 부자가 되려고 열심히 일했습니다.
제 경험에 비추어보건대 진정한 부는 물질의 소유가 아닌 사용에 있습니다. 제가 소유한 재산 가운데 가장 중요한 유형과 무형의 재산을 모을 수 있게 해준 지식을 전하는 것이 성공을 꿈꾸는 사람들에게 가장 도움이 되리라 확신합니다.

힐   당신이 부자가 될 수 있었던 방법으로 다른 사람들 역시 부를 얻도록 하는 실용주의 철학을 제공하는 것이군요.

카네기   그것이 가장 안전한 방법이라고 생각했습니다. 저는 사람들에게 저처럼 성공할 수 있다는 인식을 심어주고 싶습니다. 그래야만 빈곤의 습관을 떨쳐 버릴 수 있습니다.

가난은 돈을 주는 것으로 해결할 수 없습니다. 돈으로 문제를 해결하려는 시도는 사람들을 더욱 의존적으로 만들 뿐입니다. 지금은 어느 때보다 개척 정신이 필요합니다. 자신의 힘으로 부를 얻으려는 자세, 목표를 이루기 위한 실질적인 행동이 필요하지요.

힐   그럼 자선을 베풀 필요가 없다는 말씀인가요?

카네기   물론 자선사업은 필요하고 저 역시 찬성합니다. 그러나 가장 좋은 자선은 자립할 수 있도록 돕는 것이라는 사실을 잊어서는 안 됩니다. 스스로 생각을 정립할 수 있도록 도와야 한다는 뜻입니다.

인간의 마음에는 성공과 실패의 씨앗이 골고루 섞여 있습니다. 성공의 씨앗은 자랄 수 있게 북돋아 주고, 실패의 씨앗은 뽑아 주는 것이 자선이라고 생각합니다.

돈을 주는 것만이 신체적·정신적 장애를 가진 사람을 도와주는 유일한 길이 아닙니다.

힐   생활 능력이 없는 극빈자와 노인을 위한 기관을 설립하는 것에 찬성하지 않으십니까?

카네기   단호하게 반대합니다. 극빈자와 노인을 위한 기관은 열등감과 맥을 같이하지요. 자신이 스스로 삶의 환경을 선택할 수 있는 제도가 더 낫다는 것이 제 견해입니다.
예를 들면 매주 혹은 매월 정기적으로 방문하여 생활이 잘 유지되는지 점검하는 사회적 시스템이 적합하지요. 이러한 시스템은 단순한 기부에만 그치는 게 아니라 정서적인 부분까지 도울 수 있습니다.
삶의 목표를 빼앗은 채 무위도식하게 하는 것이 가장 나쁜 방법이라고 생각합니다.

힐   범죄자의 신체의 자유를 빼앗는 감옥 같은 제도 역시 반대하시나요?

카네기   예, 그렇습니다. 감옥 제도는 정말 잔인합니다. 감옥에 가둔다고 해서 범죄자의 범죄 성향이 쉽게 바로잡히는 게 아닙니다.

오히려 재소자들에게 충분히 활동할 만한 범위를 줘야 합니다. 무조건적인 처벌과 무기력하게 만드는 방법으로는 사람을 교정할 수 없습니다.

필요하다면 강제로라도 적당히 활동하게 하는 게 교정의 효과를 얻을 수 있습니다. 건전한 습관이 형성되니까요.

교정의 목적이 회복이 아닌 무조건적인 처벌에 그칠 때 가장 나쁜 결과를 가져옵니다. 사고의 습관이 변하면 사람도 변하게 되어 있습니다.

죄를 저지르지 않은 수백만의 사람들이 상상 속의 감옥에 갇혀 있습니다. 그들은 마음 안에 갇힌 죄수들로, 자신의 한계를 미리 정한 채 가난과 일시적인 패배에 굴복하여 감옥에 갇힌 겁니다. 그들에게 성공철학을 제시하여 상상의 감옥에서 벗어나게 해주고 싶습니다.

힐　　　사람들이 보이지 않는 감옥에 갇혀 있다는 생각은 미처 못 했습니다. 이 부분에 대해 자세히 말씀해 주시겠어요?

카네기　　수백만 명의 어린이가 감옥과 다름없는 환경에서 태어나고 있으니 정말 끔찍하지요. 태어났을 때부터 눈에 보이지 않는 쇠창살과 돌담에 갇혀 있는 어린이들을 위해서라도 마음의 힘이 얼마나 중요한지 가르쳐줘야 합니다.

힐   어디에서 어떻게 가르칠 수 있을까요?

카네기   가정과 학교가 모두 가르쳐야 합니다. 정부의 실질적인 지원이 뒷받침된다면 효과가 더욱 크게 나타나겠지요.

힐   정부의 실질적인 지원이라는 건 학생의 개성에 맞게 가르치는 교육 제도를 의미합니까?

카네기   그렇습니다. 그러한 교육 체계가 마련되지 않으면 사람들은 창의적으로 생각하고 결정하고 행동하는 법을 알지 못하고, 기회에 무관심해질 겁니다. 결국 하찮은 실수에도 패배자가 되겠지요.

힐   학교에서 경제 교육과 스스로 결정하는 습관도 가르치는 게 필요하겠군요?

카네기   물론 가정에서도 가르쳐야 합니다. 문제는 부모들이 그런 교육의 중요성을 생각하지 않는다는 겁니다. 아이들이 가난을 당연하게 받아들이는 데 결정적인 역할을 하는 사람이 바로 아이들의 부모지요. 부모가 가난을 당연하게 생각한다면 아이들도 그렇게 생각하는 게 당연합니다.

인간이 태어나 처음으로 인생을 경험하는 곳이 가정입니다. 일생을 실패자로 사느냐, 성공자로 사느냐 하는 문제는 가정교육에 달려 있다 해도 지나치지 않습니다.

성공한 사람들의 인생을 거슬러 오르다 보면, 유년 시절에 가족이나 친척들로부터 받은 긍정적 영향이 잠재의식에 각인되어 성공으로 이어졌다는 것을 알 수 있습니다.

성공할 수 있다는 신념이 있으면 실패해도 쉽게 무너지지 않습니다. 성공할 수 있다는 의식에서 실패에 대항하는 면역 항체가 나오니까요.

힐　　실패의 원인에 대해 배워야 한다고 하셨는데요, 그렇다면 실패의 특징부터 설명해 주시겠습니까?

카네기　　실패와 성공의 원인은 성공철학에서 가장 중요한 부분입니다. 그리고 성공보다 실패의 원인이 두 배 많다는 점을 먼저 말해 두고 싶습니다.

실패하는 이유
- 명확한 목표 없이 시간을 보내는 습관

- 실패의 지름길이다.

• 선천적으로 갖고 태어난 불리한 유전인자

  - 없앨 수는 없지만, 마스터 마인드 원리로 극복할 수 있다.

• 시간과 정력을 낭비하며 타인의 일에 참견하는 과도한 호기심

• 업무에 대한 준비 부족, 특히 훈련 부족

• 폭식, 폭음, 과도한 섹스로 나타나는 자제력 결여

• 자기 발전에 대한 무관심

• 평범함에서 벗어나려는 열정 부족

• 무리한 다이어트, 과도한 운동, 부정적인 생각으로 인한 질병

• 유년 시절에 받은 좋지 않은 환경의 영향

• 끝까지 해내겠다는 인내심의 부족

• 부정적 사고를 지속하는 나쁜 습관

• 감정 통제 결여

• 공짜를 바라는 마음

  - 흔히 도박이나 사기로 나타난다.

• 우유부단, 모호한 태도

• 일곱 가지 두려움 중 한 가지 이상에 해당하는 경우

  - 가난에 대한 두려움

  - 비난에 대한 두려움

  - 질병에 대한 두려움

  - 실연에 대한 두려움

- 늙음에 대한 두려움

  - 자유의 상실에 대한 두려움

  - 죽음에 대한 두려움

- 잘못된 배우자 선택

- 사업에 대한 지나친 염려

- 허황된 꿈에 대한 집착

- 나쁜 영향을 끼치는 직장 동료

- 직업 선택에 신중하지 못한 태도

- 집중력 부족으로 인한 시간과 에너지의 낭비

- 금전적인 낭비

- 열정의 결여

- 종교·정치·경제적인 측면의 편견과 무지

- 다른 사람과 협력하지 못하는 태도

- 타인의 권력과 부에 대한 갈망

- 타인에 대한 성실성 결여

- 통제 불가능한 이기주의와 자만심

- 지나친 이기심

- 무분별하게 계획을 세우는 습관

- 상상력과 야망의 결핍

- 선천적인 능력, 교육, 경험적인 면에서 마스터 마인드 연합을 구성하는 데 실패

- 무한한 지성의 존재를 인정하지 않거나 의존하지 않는 태도
- 부정적인 생각이나 부적절한 단어 사용
- 생각보다 말이 앞서는 태도
- 탐욕, 복수, 지나친 욕심
- 게으른 습관
  - 목표가 명확하지 않은 데서 생기는 결과다.
- 타인에 대한 험담
- 사고를 중요하게 생각하지 않는 태도
- 창의력 부족
- 독립심 결여
- 매력적인 자질의 결여
- 자신, 미래, 인간, 신에 대한 믿음 부족
- 자발적인 사고의 습관으로 의지를 계발하는 데 실패

모든 실패의 원인은 두 번째로 언급한 선천적인 부분을 제외하고는 명확한 목표와 의지력으로 제거와 통제가 모두 가능합니다. 목표를 명확히 하고 의지력을 계발하면 실패의 원인을 통제할 수 있습니다.

힐   목표와 의지가 있으면 성공의 길이 열린다는 말씀입니까?

카네기　　그렇습니다. 성공하려는 명확한 목표와 어떠한 환경에서도 굴하지 않는 의지력을 가진 사람은 성공 가능성이 있다고 말할 수 있습니다.

힐　　그렇다면 두 가지 원리로도 실패를 막을 수는 없다는 뜻인가요?

카네기　　그렇습니다. 실패를 막을 수는 없지만, 잘못된 것을 수정하여 계획을 계속 진행해 가기에는 충분합니다. 앞에서 말했듯이 자제력을 갖춘 사람은 일시적인 패배에 굴하지 않고 실패를 도전으로 받아들일 줄 압니다.

힐　　만일 신체의 일부를 잃거나 전혀 사용할 수 없다면 치명적인 약점이 될 텐데요.

카네기　　물론 불리한 약점이기는 합니다만, 영원할 거로 생각할 필요는 없습니다. 신체적 결함을 딛고 성공한 사람들이 우리 주변에는 많이 있습니다.

무엇보다도 마스터 마인드 원리가 있다는 사실을 잊어서는 안 됩니다. 마스터 마인드 원리는 우리에게 필요한 지식을 제공할 뿐만 아니라 상황에 따라 신체적인 수고를 대신하여 쓰일 수도 있습니다.

힐   만약 마스터 마인드 원리를 무시하고 적용하지 않는
다면 실패할 수밖에 없겠네요?

카네기   그렇겠지요. 마스터 마인드 원리는 두뇌가 하는 모든
일을 대신하여 사용할 수 있습니다. 인간이 생각하는 한, 마스
터 마인드 원리를 이용하면 지금껏 발견하지 못한 가능성이 생
겨날 겁니다.
제가 아는 한 음악가는 오케스트라 단원으로 활동하던 중 사고
로 시력을 잃고 말았습니다. 하지만 사고 후에 오히려 연주할
기회가 늘어났고, 수입도 전보다 많아져 성공한 음악가가 되었
지요.
헬렌 켈러 역시 장애가 있었지만, 그것을 극복하여 위대한 여
성이 될 수 있었습니다. 헬렌 켈러는 오감 중 두 가지를 잃었다
는 사실을 좌절로 받아들이지 않았지요. 그녀는 의지력으로 신
체장애를 극복했습니다. 비록 몸은 불편했지만, 마스터 마인드
의 도움으로 인간의 소망을 실현할 수 있다는 귀중한 교훈을
남겼습니다.
베토벤의 경우도 마찬가지입니다. 때로 신체적 기능의 상실이
신념을 강화하기도 합니다.

저는 위대한 성공을 이룬 사람 중에 일시적인 좌절이나 실패, 어려움을 겪지 않은 사람을 만나보지 못했습니다. 인간은 실패를 겪으면서 강해집니다. 그리고 때가 되면 일시적인 실패를 통해 마음속에 숨은 진실한 자신의 모습을 발견할 겁니다.

목표를 명확히 하고
의지력을 계발하면
실패의 원인을 통제할 수 있다.

Think
And
Grow
Rich

STEP
11

영감을

찾아라

영감은 욕구와 행동,
동기의 결과물입니다.
동기가 없는 곳에는
뜨거운 열정이 있을 수 없습니다.
열정은 동기에 바탕을 둔
욕구에서 출발하지요.

영감은 열정과 관계가 있다. 하지만 영감에는 더 심오한 의미가 내포되어 있다. 영감은 영적인 힘과 관련되어 있으며, 잠재의식 안에 숨어 있기 때문이다.

위대한 성공은 영감에서 시작된다. 모든 사람이 성공을 꿈꾸지만, 강렬한 열망의 불꽃이 내면에 활활 타오르는 사람만이 성공을 거머쥘 수 있다.

40년 전, 한 꼬마 등산가의 어머니가 아들을 응접실로 불러 앞으로의 인생을 좀 다르게 살아보지 않겠냐고 조용히 타일렀다. 그 순간 아들의 마음속에는 다른 사람들을 위해 봉사해야겠다는 생각이 떠올랐다. 당시 11세였던 소년은 산악인들 사이에 말썽꾸러기로 통했다. 하지만 어머니는 다음과 같이 말했다.

"사람들이 널 제대로 알지 못하고 있더구나. 네가 우리 동네 제일가는 말썽꾸러기라고 하지만, 나는 그렇지 않다는 걸 잘 알고 있단다. 네가 이런저런 장난을 치는 건 호기심과 의욕이 아주 많기 때문일 거야. 네게 필요한 게 있다면 호기심을 채워줄 수 있는 명확한 목표가 아닐까 싶구나. 너는 상상력이 풍부하고 창의력이 뛰어나니까 작가가 되는 건 어떨까? 이웃을 골탕 먹일 때처럼 독서와 글짓기에도 흥미를 느낀다면 훌륭한 작가가 될 수 있을 거야."

어머니의 다정한 음성은 열한 살 소년의 마음속에 깊이 새겨졌다. 어머니의 사랑에 감동한 소년은 어머니의 뜻을 따랐다.

열다섯 살이 되었을 때 소년은 작은 신문사에서 펴내는 신문과 잡지에 기사를 썼다. 뛰어난 글솜씨를 발휘하지는 못했지만, 사람들이 재미있게 읽자 글을 쓰겠다는 욕심이 생겼다.

그리고 열여덟 살에는 〈밥 테일러스 매거진〉의 편집장이 되어, 앤드류 카네기의 업적에 관한 기사 작성을 책임지게 되었으며, 그 일은 그의 삶을 크게 변화시켰다.

미국 전역을 오가며 카네기의 인생철학이 담긴 책을 출판했고, 자기 자신이 전 세계에 큰 영향력을 미치는 인물이 되었다. 그는 앤드류 카네기를 인터뷰하며 그의 열정에 매료되었고, 그 열정 덕분에 카네기의 철학이 담긴 책은 베스트셀러가 될 수 있었다.

카네기는 명확한 목표, 창의력과 인내, 신념을 무엇보다 강조했다. 그리고 이러한 자질을 일깨우는 능력이 있는데, 그것은 바로 '영감'이다.

힐   성공의 열한 번째 원칙은 영감이라고 말씀하셨습니다. 영감의 의미는 무엇이며, 영감을 계발하는 방법에 관해 설명해 주십시오.

카네기   영감은 우리가 앞에서 살펴본 여러 감정을 자극하여 발전시킬 수 있습니다.

힐   그러면 영감은 곧 감정의 작용인가요?

카네기   좀 더 정확하게는 자발적인 의지에 따른 감정 활동이라 해야겠지요. 하지만 한 가지 중요한 질문이 빠졌습니다. 바로 영감의 조절 문제로, 영감을 사용에 맞게 조절하고, 수정하고, 차단하는 방법이 중요합니다.

영감을 조절하는 방법에 대해 알아보기 전에 영감의 장점을 먼저 알아볼까요?

먼저 영감은 욕구와 행동, 동기의 결과물입니다. 동기가 없는 곳에는 뜨거운 열정이 있을 수 없습니다. 열정은 동기에 바탕을 둔 욕구에서 출발하지요.

열정은 수동적인 형태와 적극적인 형태의 두 가지로 나뉩니다. 감정을 자극하는 것은 수동적인 열정, 말이나 행동을 통해 감정이 표현되는 것은 적극적인 열정이지요.

힐   두 가지 열정 중에서 어떤 것이 더 유익할까요?

카네기   상황에 따라 다릅니다. 물론 말이나 행동으로 표현하기 전에 먼저 느껴야 하므로 수동적인 열정이 적극적인 열정보다 항상 먼저 일어납니다.

알리고 싶지 않지만 굳이 표현해야 하거나, 다른 사람에게 지나치게 열심히 일하는 것처럼 보이기 때문에 열정을 드러내고 싶지 않을 때도 있습니다. 그러므로 상황에 맞게 감정을 제어할 줄 아는 지혜가 필요합니다.

그러면 열정의 장점과 특성을 간략하게 설명하겠습니다.

첫째, 열정은 사고를 유연하고 강렬하게 해줍니다. 열정이 있는 사람은 목소리에 힘이 실려 있고, 다른 사람을 즐겁게 해주며 강렬한 인상을 남깁니다. 열정이 없는 세일즈맨이 아무리 목청을 높인들 물건을 사려는 사람이 있을까요?

일상적인 대화에서도 마찬가지입니다. 재미없는 주제일수록 흥미를 느끼게 하려는 열의가 필요합니다. 반대로 아무리 재미있는 이야기도 열의가 없으면 지루하게 느껴질 겁니다.

둘째, 열정은 사람을 진취적으로 변화시킵니다. 열정을 느끼지 못하면 성공을 기대할 수 없습니다. 열정은 육체의 피로뿐 아니라 나태함까지도 극복하게 해주며, 신경계통을 자극하여 인체가 원활하게 돌아가게 해줍니다. 음식 소화도 돕습니다.

셋째, 열정은 잠재의식을 자극하고 열정을 북돋아 주는 동기와 밀접한 관련이 있습니다. 감정을 고취시키는 것 외에 잠재의식을 자극하는 방법에 대해 알려진 사실은 없습니다만, 여기서 제가 강조하고 싶은 것은 잠재의식이 부정적·긍정적 감정에 영향받는다는 겁니다. 따라서 열정을 인정하는 것이 긍정적 감정의 표현이라는 사실을 기억해야 합니다.

넷째, 열정은 전염된다는 사실입니다. 유능한 세일즈맨들은 이 사실을 잘 알고 있지요. 사람들은 열의를 가진 사람을 본받으려는 경향이 있습니다. 순수한 열정에 사람들이 자극받는 것을 보고 동요하게 되지요.

다섯째, 열정은 부정적인 생각과 근심, 두려움을 몰아내고 신념을 갖게 해줍니다. 열정은 자신의 행동을 지속하려는 의지와 일맥상통합니다. 열정은 의지, 인내와 서로 통하는 에너지입니다. 정적인 에너지를 활동적으로 바꾸는 것이 바로 열정입니다.

에머슨은 "그 어떤 위대한 일도 열정 없이 이뤄진 것은 없다."라고 했습니다. 열정은 모든 일에 없어서는 안 될 귀중한 자질입니다.

힐   작가는 작품에서 무의식적으로 열정을 표출한다고 합니다. 그래서 아무리 무관심한 독자라도 작가의 신념을 느낄 수 있다는데 어떻게 생각하시나요?

카네기 그런 사례는 흔히 찾아볼 수 있습니다. 작품이 다양한 언어로 번역된 뒤에도 작가가 글을 쓸 때의 열정이 그대로 녹아 있는 것을 볼 수 있습니다. 심지어 책을 소개하는 기사를 통해 작가의 열의가 독자에게 전해지기도 합니다. 열정이 담겨 있지 않으면 풍부한 내용을 담고 있다 해도 독자의 흥미를 끌지 못할 겁니다.

재판에 열정이 없는 변호사는 판사와 배심원을 설득할 수 없습니다. 열정이 없는 의사는 환자를 치료하는 데 최선을 다할 수 없을 겁니다.

열정은 신념과 밀접한 관계가 있습니다. 열정은 희망과 용기, 믿음의 상징입니다. 저는 자기 일에 열정이 없는 사람은 고위직이나 책임이 따르는 지위로 승진시키지 않습니다. 우리 회사에 사무보조나 계약직으로 입사해서 남들보다 빨리 승진한 사람들을 보면 알 수 있습니다.

힐 자신을 위해 열정을 드러낼 수도 있겠지요?

카네기 물론입니다. 그러나 열정을 통제하지 못한다면 열정이 없는 것만큼이나 좋지 않습니다. 예를 들어 대화할 때 혼자 열의에 찬 나머지 다른 사람이 말할 기회도 주지 않고 떠드는 사람은 인기가 없을 뿐 아니라 다른 사람에게서 무언가를 배울 기회도 함께 놓치게 됩니다.

도박이나 경마에 빠지는 사람, 땀 흘리지 않고 대박을 꿈꾸는 사람, 명품에 집착하는 여성들은 열정을 다스릴 줄 아는 지혜가 필요합니다.

힐   육체 노동자들에게도 열정이 필요합니까?

카네기   우리 회사 임원 중에는 원래 트럭 운전사였던 사람이 있습니다. 그칠 줄 모르는 열정이 그를 현재의 위치에 오르게 한 거죠.

열정은 직업과 상관없이 모든 사람에게 중요합니다. 열정에는 사람의 마음을 끌어당기는 매력과 반대 의견을 압도하는 힘이 있습니다.

힐   열정이 가정 안에서는 어떠한 역할을 하나요?

카네기   열정은 한 여자와 한 남자를 결혼으로 이끌어 가족을 구성하게 합니다. 자신에게 전혀 관심이 없는 이성을 상대로 청혼하고 가정을 꾸리려는 사람이 있을까요? 남자의 경우이든 여자의 경우이든 그런 일은 일어나지 않습니다.

결혼은 서로에 대한 두 사람의 열정에서 시작합니다. 열정이 사그러지면 결혼의 비극이 시작됩니다. 우리는 사랑에 대해 많은 말을 하지만, 서로에게 열정이 없는 사랑은 사랑이 아닙니다.

힐   열정을 극대화하는 방법이 있습니까?

카네기   열정을 극대화하려면 마스터 마인드 연합 안에서 여러 마음이 명확한 목표를 향해 완벽한 조화의 정신으로 결합해 있어야 합니다.
한 사람의 열정은 다른 멤버에게도 전달되고, 조화롭게 결합된 열정을 멤버들이 공유하고 사용하게 됩니다.

힐   카네기 씨의 마스터 마인드 연합에는 열두 명이 있다고 하셨는데, 각자의 열정을 한데 모으면 열정이 열두 배가 되는 건가요?

카네기   단순히 숫자를 더한 것보다 훨씬 더 커지는 경우가 대부분입니다. 마스터 마인드 연합의 특성 중 하나는 기여한 것보다 더 큰 이득이 돌아온다는 점입니다. 그것을 체험한 구성원들 사이에는 믿음이라는 든든한 버팀목이 생기게 되지요.

힐   많은 말씀을 듣고 보니 열정에 대해 그동안 잘못 알고 있었다는 생각이 드는군요.

카네기   가장 오해가 많은 단어가 열정이 아닐까 싶습니다. 사람들은 흔히 자유롭게 감정을 표출하는 사람을 열정적이라고 생각하는데, 그런 태도는 자만심을 드러내는 것에 불과합니다. 또한 과장된 행동으로 보이기 쉽습니다.

힐   어떻게 하면 열정을 행동으로 옮겨 승진의 기회까지 얻을 수 있는지 말씀해 주시겠습니까? 열정이 직장 내에서의 성취에 어떤 영향을 미치는지도 함께 설명해 주십시오.

카네기   열정은 자신의 업무뿐 아니라 일과 관련된 사람들에게도 영향을 미칩니다. 한 회사에 부정적으로 사고하는 직원들이 일하고 있으면, 규모에 상관없이 그 부정적인 영향이 모두에게 미치게 됩니다. 마찬가지로 긍정적인 생각으로 자기 일에 열의를 다하는 사람은 동료들에게도 긍정적 영향을 미치지요. 이처럼 신념은 전염됩니다. 거부할 수 없는 자연법칙입니다. 적극적인 사고는 부정적인 사고로는 불가능한 큰 가치를 만들어 냅니다. 긍정적인 관점을 가진 사람은 자기 업무에 만족하고 열정을 다합니다. 주변 사람들에게 건강한 마음가짐을 퍼뜨려, 그들에게서 다시 영향을 받습니다. 더욱 성과를 높이게 되지요.

열정은 상상력과 창의력을 자극하고, 민첩함과 매력적인 성품을 발달시키며, 타인의 협력을 끌어냅니다.

생각은 사람의 성격을 대변하는데, 이는 자기암시를 통해 생겨납니다. 깊이 사고하는 가운데 인격이 형성되고, 강인한 정신력과 예민한 상상력, 독립심, 인내, 창의력, 용기, 야망이 생깁니다. 이런 사람에게 승진의 기회가 주어지는 것은 당연한 일입니다.

힐   열정적인 직원은 다른 직원들의 모범이 될 뿐 아니라, 훌륭한 인격의 소유자이기 때문에 고용주에게 필요한 사람이 된다는 뜻이군요.

카네기   맞습니다. 직장인에게만 해당하는 것이 아니라 모든 사람에게 적용할 수 있습니다.

예를 들어 당신이 소매점 주인이라면 당신의 마음가짐이 종업원들에게 영향을 미칠 겁니다.

한 심리학자는 가게를 지나다 직원을 짧게 몇 분만 관찰해도 주인의 성격을 짐작하여 묘사할 수 있다고 말하기도 합니다.

힐   작은 소매점이든 큰 기업이든 직원에게서 받는 느낌을 통해 가늠할 수 있다는 말씀이군요.

카네기　　그렇습니다. 규칙적으로 사람이 모이는 곳이라면 어디든 해당합니다. 인지 능력이 뛰어난 심리학자는 가정방문에서 느껴지는 정신적 흐름을 통해 화목한 가정인지 갈등과 불화가 끊이지 않는 가정인지 구별할 수 있다고 합니다. 보이지 않는 마음의 상태가 환경과 분위기를 결정하는 것이지요.

예를 들어 모든 도시는 지역 주민들이 공유하는 성향과 마음가짐에 따라 독특한 특색을 띤다고 합니다. 좁게는 작은 골목에도 저마다 개성이 있어서, 훈련된 심리학자는 눈을 가리고 거리를 걸으며 느껴지는 감정들을 통해 그곳 주민들의 세부 상태도 묘사할 수 있다고 합니다.

힐　　정말 믿기지 않는 이야기군요.

카네기　　마음과 정신이 가진 힘을 직접 경험한 적이 없다면 당연히 그렇겠지요. 구체적인 증거가 필요하다면 직접 시험해 볼 수도 있습니다.

뉴욕 5번가를 따라 걸어보세요. 여유 있고 풍요로운 분위기가 느껴질 겁니다. 빈민가를 거닐어보면 좌절과 빈곤이 느껴집니다. 직접 경험해 보면 두 느낌이 아주 다르다는 사실을 부인할 수 없을 겁니다.

같은 실험을 가정에 적용해 볼까요? 화목한 가정을 방문하여 그 집에 흐르는 정신적 분위기를 느껴보세요. 그리고 불화가 있는 가정을 방문하여 분위기를 느껴보십시오. 집집마다 가족 구성원의 마음가짐에 따라 독특한 분위기가 있다는 사실을 발견하면 놀랄 겁니다.

같은 사고방식을 반복하면 마음가짐에 습관이 됩니다. 그리고 한 사람의 마음가짐은 그가 속한 사회에 영향을 미칩니다. 이 것은 변하지 않는 신비한 자연법칙과 같습니다.

열정에는
사람의 마음을 끌어당기는 매력과
반대 의견을 압도하는 힘이 있다.

Think
And
Grow
Rich

STEP
12

집중력을

키워라

"

단지 목표만 있을 뿐
목표에 집중하지 않으면 성취할 수 없습니다.
집중력은 성공철학에서 없어서는 안 될
중요한 요소입니다.
집중력의 중요성을 잊지 마십시오.
넓은 의미에서 집중력 없는 성공이란
불가능하니까요.

"

힐   성공의 열두 번째 원칙으로 집중력을 말씀하셨습니다.
실생활에서 어떻게 적용할 수 있는지 설명해 주시겠습니까?

카네기   집중력은 앞 장에서 설명한 영감과 매우 관련이 깊으
므로 영감을 완벽하게 습득해 적용하는 것이 좋습니다.
집중력은 명확한 목표를 성취하기 위해 모든 마음을 한데 모
으는 힘입니다. 따라서 문제의 본질과 기대치에 따라 집중하는
시간이 달라지지요.
저는 철강을 만들어 파는 일에 오랫동안 몰두해 왔습니다. 저
와 함께 이 일에 매달린 사람들은 같은 목적을 가지고 한마음
으로 모든 노력을 기울여왔지요.

힐   카네기 씨는 철강업뿐 아니라 다른 사업도 성공적으
로 경영하지 않았습니까? 마스터 마인드 원리 덕분에 가능했

을 것 같은데요.

카네기　마스터 마인드의 도움을 받아 여러 분야의 기업을 잘 운영하는 사람도 있습니다. 하지만 한 분야에 집중하는 것이 바람직하다고 생각합니다.
신경을 분산하면 에너지가 나뉘게 되지요. 한 가지 분야에 모든 에너지를 집중하면 그 분야의 전문가가 될 수 있습니다.

힐　소매업 분야의 경우 이 문제를 어떻게 적용할 수 있을까요?

카네기　전문 관리자가 운영하는 백화점들이 들어서자 낡은 잡화점들은 쓸모가 없어졌습니다. 백화점에서는 필요한 모든 상품을 구입할 수 있으니까요. 소비가 폭발적으로 늘어나 과거에는 상상할 수 없던 규모로 매출이 증가했지요.

힐　그 말씀은 백화점이 집중력의 원리에 따라 경영된다는 말씀인가요?

카네기　백화점은 집중력과 마스터 마인드 원리, 명확한 목표가 총체적으로 결합된 모델입니다.

힐   그렇다면 은행의 경우는 어떻습니까?

카네기   규모가 큰 은행일수록 분업화가 잘 이루어져 있습니다. 철도회사의 경우도 마찬가지입니다. 하위 부서에서 시작해 책임 있는 자리로 승진하지만, 한 사람이 두 업무를 동시에 맡는 일은 없습니다.
철강업에서도 마찬가지로, 전문 분야에서 실력을 인정받아 진급합니다. 하위 부서에서는 근무연수를 채워 관리직에 오를 수도 있습니다.

힐   특정 분야에서 수고를 아끼지 않은 사람들이 승진 기회가 더 많다는 말씀인가요?

카네기   지금까지 그랬고, 앞으로도 그럴 겁니다.

힐   교육을 직업으로 하는 경우, 다양한 과목을 가르치는 교사는 한 분야의 집중이 불가능한 건가요?

카네기   대학교는 여러 분야의 단과 대학으로 구성되어 있습니다. 한 사람이 다양한 과목을 가르치는 것은 과거에나 볼 수 있었던 풍경입니다.

힐　미래를 준비하는 학생의 경우에는 어떤가요? 한 분야를 전문적으로 공부해야 합니까?

카네기　명확한 목표를 가진 학생이라면 그렇게 하는 것이 좋겠지요. 하지만 목표를 정하기 전이라면 일반교양을 쌓아야 합니다. 그런 다음 전문 과정을 준비하면 됩니다.

예를 들어 변호사는 일반교양 교육을 받은 후 법학을 전공해야 합니다. 의사도 마찬가지입니다. 일반교양 교육은 조직적인 사고와 자제력, 독립심 등 성공에 필요한 자질을 배우는 중요한 과정입니다.

힐　어려운 질문을 드리려고 합니다. 결혼한 여성은 가사와 육아 말고 전문적으로 할 수 있는 일이 없을까요?

카네기　결혼한 여성만큼 인생의 전문가로서 훌륭한 장점을 가진 경우도 드물 겁니다. 아내는 남편이 일에 최선을 다할 수 있도록 격려하는 방법을 익혀 남편을 다루는 전문가가 될 수 있습니다. 그리고 가정 경제의 전문가로서 가정을 돌볼 수도 있겠지요. 또한, 가족의 건강을 책임지는 식품영양 전문가의 역할도 담당해야 합니다.

힐   그렇게 되기 위해서는 온종일 가사에 매달려야 하지 않을까요?

카네기   그럴 필요는 없습니다. 어디까지나 결혼 생활에 임하는 마음가짐을 말하는 것이니까요. 지혜로운 여성이라면 조직적인 계획을 통해 가정을 관리하는 법을 익힐 수 있을 겁니다.

힐   성공하려면 다양한 분야에 두루 관심을 가져야 하지 않을까요?

카네기   무슨 일이든 대충 하는 사람은 큰 성공을 거둘 수 없습니다. 가장 잘할 수 있는 분야를 발견해 준비하는 것이 중요하지요. 그러기 위해서는 집중력이 필요합니다.
명확한 목표가 없는 사람의 삶은 바람이 부는 대로 떠다니는 낙엽과 같습니다. 아무 일도 할 수가 없지요. 목표를 정하고 계획을 세워 집중하는 것이 중요합니다.

힐   전공을 선택하기 전에 명확한 목표를 세우고, 어떤 분야의 전문가가 될지 정해야 한다는 말씀인가요?

카네기   기초 교육을 마치지 못한 학생이라면 명확한 목표를 세우기에는 이릅니다. 적어도 고등학교 졸업자에 준하는 교육이 필요합니다. 기초 교육을 받은 뒤에도 여전히 목표를 정하지 못했다면, 취직하여 다양한 경험을 쌓거나 대학에 가서 인문 교양 교육을 받아야 합니다. 그 과정에서 자신이 어떤 일을 하며 살아갈지 결정할 수 있을 겁니다.

힐   한번 정한 목표를 다른 목표로 바꿔도 됩니까?

카네기   물론입니다. 자기가 좋아하는 일을 할 때 성공도 할 수 있습니다. 어려운 상황이나 일시적인 좌절이 생길 때마다 습관적으로 다른 일을 찾는 것이 아니라면 목표를 바꾸는 것도 좋습니다. 하지만 너무 늦게 목표나 진로를 바꾸면 시설이나 관리까지 바꿔야 하므로 엄청난 손실이 생깁니다.

힐   명확한 목표는 결국 집중력으로 연결되겠군요. 어떠한 목표를 성취할 것인가를 정할 때, 먼저 생각과 행동을 목표에 집중시켜야겠네요.

카네기   앞서 말씀드린 성공의 열한 가지 원칙을 완벽하게 적용하면 집중력이 습관화됩니다.

힐   명확한 목표를 세운 사람은 집중력, 독립심, 조직적인 사고, 자제력을 활용할 수 있을 겁니다. 물론 목표에 따라 다른 원리들을 적절히 사용해야겠지요.

카네기   제가 원하는 것이 바로 그겁니다. 단지 목표만 있을 뿐 목표에 집중하지 않으면 성취할 수 없습니다.
집중력은 성공철학에서 없어서는 안 될 중요한 요소입니다. 집중력의 중요성을 잊지 마십시오. 넓은 의미에서 집중력 없는 성공이란 불가능하니까요.

Think
And
Grow
Rich

STEP
13

황금률을

적용하라

"

황금률을 적용하여
가장 큰 이득을 얻는 사람은
실천한 당사자입니다.
황금률을 실천함으로써
인격을 성장시킬 수 있기 때문이지요.
훌륭한 인격은 언행을 통해 형성되는
매우 귀중한 재산입니다.

"

카네기　성공의 열세 번째 원칙은 황금률, 즉 '남에게 대접받고자 하는 대로 너희도 남을 대접하라.'입니다. 그런데 이 말의 참뜻을 아는 사람이 그리 많지 않은 것 같습니다. 대개 '남보다 내가 먼저 대접하라.'라는 정도로 알고 있지요.

인간 행동에 관한 위대한 교훈인 황금률을 잘못 이해한 탓에 부정적인 결과가 생겨납니다.

황금률은 상대방의 마음에 유리하게 접근하는 것이 아니라 양심이나 마음의 평안처럼 건강한 성품의 속성에서 출발합니다. 황금률을 최대한 이용하려면 보상을 생각하지 않고 일하는 원칙과 연결해야 합니다.

황금률이 마음가짐을 강조하고 있다면, 보상 없이 일하는 습관은 황금률의 행동 지침입니다. 이 두 가지가 결합할 때, 인격의 성숙과 함께 타인의 우호적인 협력을 얻을 수 있습니다.

힐　　황금률을 잘못 이해하면 얻을 수 있는 혜택이 줄겠군요.

카네기　　소극적으로 행동하는 사람은 결국 아무것도 얻을 수 없습니다. 황금률을 적용하는 사람만이 인간관계에서 비롯된 다양한 혜택을 누릴 수 있지요.

인간관계에 황금률을 적용했을 때 생기는 이점

- 무한한 지성의 인도로 생기는 열린 마음

- 독립심 고취

- 위기에도 버틸 수 있는 매력적인 성품

- 타인과의 우호적인 협력

- 비난으로부터 해방

- 마음의 평안과 자유

- 두려움의 소멸

- 진실한 마음으로 하는 기도

- 승진할 좋은 기회

- 허황된 마음의 소멸

- 더 좋은 서비스를 제공하여 얻는 즐거움

- 정직, 공정하다는 주위의 좋은 평판

- 타인을 비방하는 습관의 소멸

- 영원한 인간관계 형성

- 욕심, 질투, 복수 등 나쁜 감정의 소멸. 사랑, 연대감의 고취
- 창조주와의 소통
- 서로 지켜준다는 믿음 속에 쌓이는 기쁨
- 신령한 품성

힐 황금률대로 살면 타인에게 이용당하기 쉬워 손해라는 주장에 대해서는 어떻게 생각하십니까?

카네기 많은 사람이 그렇게 말하지요. 하지만 황금률을 적용해서 얻을 수 있는 이득을 알게 되면, 그것을 실천하지 않을 사람이 없을 겁니다.

이런 오해가 생기는 것은 혜택을 받는 사람만 이익이고, 베푸는 사람에게는 득이 될 것이 없다고 생각하기 때문입니다. 또 무언가 베풀면 경제적 이익이 따라야 한다는 잘못된 믿음 탓이기도 하지요.

황금률을 적용하여 가장 큰 이득을 얻는 사람은 실천한 당사자입니다. 황금률을 실천함으로써 인격을 성장시킬 수 있기 때문이지요. 훌륭한 인격은 언행을 통해 형성되는 매우 귀중한 재산입니다.

힐 황금률대로 살아가는 사람을 자신의 이익을 위해 이

용하려는 사람도 있는데 어떻게 생각하십니까?

카네기   그런 사람이 있다고 해도 극히 일부에 불과합니다.
99%의 사람은 황금률에 순수하게 반응합니다.

힐   황금률을 실천하라는 말을 실생활에 득 될 것 없는 도
덕군자의 설교쯤으로 여길 사람이 많습니다. 황금률에 대해 생
활 속에서 보상의 법칙을 적용할 방법을 알려주시겠습니까?

카네기   제 경험에 비추어 보상의 법칙이라는 위대한 진리에
서 벗어날 수 있는 사람은 없더군요. 일시적으로 보상의 법칙
과 무관하게 살 수는 있지만, 결국 영향을 받게 됩니다.
인간의 사고와 행동은 다른 사람과의 관계 속에서 서로 영향을
주고받는 가운데 정립됩니다. 잠깐은 자신의 책임을 남에게 떠
넘길 수 있지만, 그 결과에 대한 책임을 영원히 피할 수는 없습
니다.

힐   즉각적인 보상이 기대될 때는 황금률을 따랐다가, 불
리한 조건일 때는 실천하지 않는 것 역시 바람직한 행동은 아
닌 것 같습니다.

카네기   많은 사람이 언제 황금률을 따라야 할지 선택하려고
하지만, 이것은 실패를 자초하는 잘못된 행동입니다. 황금률의
이점을 최대한 이용하려면 먼저 황금률에 따라 생각하는 습관
이 있어야 합니다.

힐   황금률과 관련해 손해를 보지 않으려면 황금률을 그
대로 실천하는 수밖에 없다는 결론에 이르네요.

카네기   누구나 '내 것 챙기기도 바쁜데'라는 유혹에 빠져 황
금률을 멀리할 수 있습니다. 하지만 유혹에 빠진 결과는 치명
적입니다. 남을 속일 수는 있어도 자기 양심을 속일 수는 없으
니까요.
자신을 속이는 것은 자기 음식에 독약을 넣는 것만큼 어리석은
행동입니다.

힐   요즘 같은 물질만능주의 시대에 황금률대로 살면 과
연 성공할 수 있을까요?

카네기   자신을 믿고 황금률에 따라 사는 사람은 자신의 능력
이 미치는 범위 안에서 반드시 성공한다고 단언할 수 있습니다.

<u>힐</u>　　황금률을 적용했다가 손해를 보거나 어려움을 겪는 경우는 없습니까?

<u>카네기</u>　　물론 셀 수 없이 많지요. 하지만 그건 일시적인 것에 불과합니다. 사실 저는 잃은 것이 단 하나도 없었습니다. 오히려 그 반대였지요.

제 경우를 소개해 드리겠습니다.

처음 철강 제조업에 뛰어들었을 때, 원료의 톤당 가격이 130달러였습니다. 우리는 원료 가격을 낮출 방법을 찾았습니다. 경쟁업체들의 불만을 무릅쓰고 제품의 가격을 낮추었지요. 그러자 주문량이 늘어났고, 우리는 가격을 더 할인할 수 있었습니다. 결과적으로 보면 가격을 낮추자 생산량이 늘어났고, 생산량이 늘자 가격을 더 내릴 수 있었던 거지요.

톤당 가격이 20달러까지 떨어지자 철강의 용도가 크게 확대되었고, 경쟁업체들도 가격을 내리는 게 득이라는 사실을 깨닫게 되었지요.

초기에는 손해를 보았지만 결국 소비자, 노동자, 제조업자 모두에게 혜택이 고루 돌아갔습니다. 이것이 바로 황금률의 특징입니다. 일시적인 손해가 있어도 시간이 지나면 득이 되어 돌아온다는 사실을 알 수 있습니다.

힐   황금률이 경제원칙에 잘 들어맞는다는 말씀이군요.

카네기   헨리 포드의 경우를 살펴볼까요? 그는 질 좋은 재료
와 숙련된 노동력을 바탕으로 자동차를 저가에 만들어 판매할
수 있었습니다. 경쟁업체와 주위의 비난에도 포드사가 번창할
수 있었던 이유는 소비자들이 구매를 통해 이에 보답해 주었기
때문입니다.
헨리 포드는 자동차업계의 선두주자로서 경쟁업체들이 동참
할 때까지 저가 자동차 생산을 멈추지 않을 겁니다.

힐   변호사 같은 전문직의 사람인 경우, 황금률대로 사는
것이 힘들지 않나요?

카네기   다양한 변호사들의 경험담을 들려줄 수도 있지만, 그
중 예 하나를 들어 설명하겠습니다.
한 변호사는 정의의 편에 서 있다는 확신이 들지 않으면 결코
사건을 맡지 않습니다. 언뜻 생각하면 그에 따른 손해가 적지
않을 것 같은데, 실상은 그렇지가 않더군요. 항상 일이 많을 뿐
만 아니라, 수입도 평균보다 열 배가량 많았습니다.
저 역시 제 친구들처럼 그에게 법률 고문직을 수행한 대가로
해마다 엄청난 금액을 지불합니다. 그런데도 그를 계속 고용하

는 이유는 그를 신뢰하기 때문이지요. 그는 자신이 돈을 벌기 위해 고객을 속이거나 옳지 않은 주장을 내세우는 사람이 아니라는 믿음을 주었던 것입니다.

힐   사회에 첫발을 내딛는 청년들을 위해 황금률과 관련해 조언해 주십시오.

카네기   어떤 직업에서든 성공하려면 먼저 올바른 인격을 갖춰야 합니다. 따라서 황금률을 실천하는 것은 바른 인격을 형성하는 동시에 좋은 평판도 얻게 되는 효과가 있습니다.
또한, 황금률에 따라 보상을 생각하지 않고 일하면 눈에 보이는 구체적인 이익을 얻을 수 있습니다.
여기에 명확한 목표를 정해 꾸준히 실천하면 다른 사람들보다 훨씬 큰 성공을 거둘 겁니다.

힐   이는 젊은이뿐만이 아니라 모든 사람에게 해당하는 내용인 것 같습니다.

카네기   그렇습니다. 황금률을 실천하는 사람을 함부로 대할 사람은 아무도 없습니다. 비록 보잘것없는 자리에서 시작하더라도 결국 남들보다 좋은 위치에 서게 될 겁니다.

힐   인간관계에서 황금률에 따라 아무것도 기대하지 않고 순수한 마음으로 대하는 사람은 타인의 반대나 비난을 적게 받을 듯합니다.

카네기   그렇습니다. 주변에서 우호적인 협력을 얻기가 쉽겠지요.

힐   더 나아가 도덕적인 교훈을 얻을 수 있고, 불필요한 반대나 불평까지도 없앨 수 있을 것 같습니다.

카네기   물론입니다. 황금률을 습관처럼 적용하다 보면 지속적인 이익과 함께 성공의 길이 열릴 겁니다.

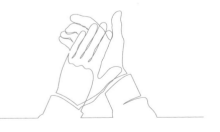

Think
And
Grow
Rich

STEP
14

서로

협력하라

> 개인적인 힘은
> 우호적인 협력을 통해 얻을 수 있습니다.
> 조금만 관찰해 보면 협력을 잘 끌어내는 사람이
> 커리어에서도 성공한다는 사실을
> 발견할 수 있을 겁니다.

힐   성공의 열네 번째 원칙으로 팀워크를 강조하셨습니다. 팀워크를 실생활에 적용했을 때 어떤 이점이 있는지 말씀해 주시겠습니까?

카네기   우선 팀워크가 없는 회사는 제대로 운영되지 않는다는 사실을 알아야 합니다. 회사는 공동의 이익을 얻고자 함께 일하는 사람들에 의해 운영됩니다. 인원이 많지 않은 작은 사업체라 하더라도 팀워크는 필요합니다.
기업과 팀워크는 떼려야 뗄 수 없습니다. 성공한 회사들을 보면, 능률적이면서도 조화로운 팀워크가 발휘됩니다. 예를 들어 철도회사의 경우, 서면으로 작성된 지시를 통해 조직적인 팀워크가 이뤄집니다.
배차시간을 기획하는 부서에서 지시가 내려지면, 승무원은 배차관리 직원의 지시를 받아 기차를 운행합니다. 차장은 운행

거리를 조절할 때 빼고는 기차의 책임자로서 내려진 모든 지시를 이행합니다. 또한, 승무원은 차장의 지시를 따를 의무가 있습니다. 철로를 순찰하는 사람에서부터 철도청장에 이르기까지 모든 직원이 팀워크로 연결되어 있습니다.

힐   철도 체계가 완벽한 팀워크를 보여주고 있네요.

카네기   하지만 철도회사의 팀워크는 철도 종사자들만의 단순한 연합에 그치지 않고, 철도를 이용하는 소비자들과도 긴밀히 연관되어 있습니다. 소비자들이 기차를 타는 대가로 낸 돈으로 월급을 주기 때문에 어떤 의미에서는 소비자들이 진정한 고용주라고 할 수 있지요.

힐   자동차나 비행기는 철도와 달리 많은 수의 승객을 운송할 수 없어서 상대적으로 비효율적인데, 어떻게 하면 철도와 경쟁할 수 있을까요?

카네기   운송을 포함한 모든 비즈니스에서 결정적인 요소는 인간적인 측면이라는 사실을 기억하십시오. 만약 기존의 철도 체계에 소비자들이 만족하지 못하면 소비자들은 다른 운송 수단을 선택할 겁니다. 무엇보다 소비자의 취향에 맞추는 것이 중요합니다.

힐	제도적으로 경쟁을 인정한다고 하더라도 체계 속에서 다양한 요소가 서로 대등한 기능을 해야 하겠지요?

카네기	그렇습니다. 기업과 정부와의 관계를 예로 들면 연합하는 것이 서로에게 이익이라는 사실을 알 수 있습니다.
정부는 기업을 보호하고, 기업은 세금을 내고 노동자에게 임금을 줌으로써 정부의 운영을 돕습니다. 나아가 정부와 기업 모두 일반 대중의 권리와 특권을 인정하고 받아들여 소비자의 편익을 위해 봉사해야 합니다.
정부는 기업의 독점을 막아야 하지만, 그렇다고 해서 기업을 경쟁자로 생각해서는 안 됩니다. 또한, 불합리한 세금이나 개인의 창의력, 자금 사용에 대한 지나친 규제로 기업의 활동을 방해해서도 안 됩니다. 반대로 정부는 기업과 소비자 사이의 활발한 협력을 진행하여 개인의 창의력을 증진해야 합니다.

힐	정부가 기업의 경쟁 상대가 되어 무익한 규제나 세금을 부과한다면 어떻게 될까요?

카네기	협력의 위력을 무시하는 사람이 파멸을 자초하는 것처럼, 이 결과 역시 파멸로 끝날 겁니다.

힐   협력만이 모두 성공할 수 있는 필수 조건이라는 말씀인가요?

카네기   그렇습니다. 개인적인 힘은 우호적인 협력을 통해 얻을 수 있습니다. 조금만 관찰해 보면 협력을 잘 끌어내는 사람이 커리어에서도 성공한다는 사실을 발견할 수 있을 겁니다.

힐   하지만 정부가 기업을 규제하는 것은 공공의 이익을 위해서 그러는 것 아닌가요?

카네기   규제가 독점이나 불공정한 관례를 어느 정도 막는 것이 사실입니다. 운동경기에 심판이 필요한 것처럼 경제에서도 정부의 공정한 중재가 필요합니다. 성공한 기업에서는 직원 간팀워크를 전담하는 부서가 따로 있어 회사 운영에 필요한 요소들이 제대로 이뤄지고 있는지 분석합니다.
규모가 커지면 조정할 수 있는 부서는 꼭 필요합니다. 비즈니스는 판단력과 경험, 공명정대함까지 요구되는 일종의 과학입니다. 이 모든 요소가 미리 조직화된 계획과 일치하여 조정되고 적용되어야 합니다. 비즈니스에서 성공하려면 이런 실용적인 길잡이가 반드시 필요합니다.

힐   무슨 일이든 조정하는 작업이 필요하군요. 다른 사람과 협력하지 못하는 사람도 조정하는 방법으로 성공할 수 있나요?

카네기   말씀드린 대로 유능한 비즈니스 리더들의 경험이 이를 입증해 주고 있습니다. 일할 사람은 많은데, 관리할 수 있는 능력을 갖춘 사람은 적다는 사실에서도 알 수 있습니다. 그래서 경력, 성향, 기질 면에서 관리 능력을 갖춘 사람이 적기 때문에 어느 분야에서건 높은 가치를 인정받게 돼 있지요.

힐   비즈니스에서 관리자의 역할은 모든 직원에게 이로울 것 같습니다.

카네기   유능한 관리자는 회사의 이익뿐 아니라 직원들이 성장할 수 있도록 체계적인 지도를 아끼지 않습니다. 어느 곳에서나 가치 있는 존재가 되려면 훈련, 감독, 관리가 필요합니다. 따라서 이러한 체계가 없는 조직은 관리가 비효율적으로 이뤄진다고 볼 수 있습니다.

힐   관리자와 관리자의 지시를 잘 따르는 평사원 중에 어떤 사람이 회사에 더 필요한 존재인가요?

카네기　둘 다 없어서는 안 되지만, 개인적인 생각에는 관리자가 더 중요하다고 봅니다. 관리자가 없을 때보다 있을 때 더 많은 수익이 나기 때문이지요. 이상적인 조직은 관리자와 직원들이 서로의 역할을 인정하며 함께 일하는 것입니다.

힐　그렇다면 관리자와 직원 사이에 갈등이 발생하는 이유는 무엇인가요?

카네기　갈등의 원인이 무엇이든지 간에 그러한 갈등으로 고통받는 사람은 관리자와 직원 자신입니다. 관리자와 직원에게 손해가 된다면 회사 전체에도 악영향을 미치게 되지요. 관리자와 직원의 갈등은 대부분 협력하지 않으려는 데서 생깁니다.

기업과 팀워크는 떼려야 뗄 수 없다.
성공한 회사들은 능률적이면서
조화로운 팀워크가 발휘된다.

Think
And
Grow
Rich

STEP
15

시간과 돈을

계획적으로 활용하라

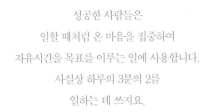

성공한 사람들은
일할 때처럼 온 마음을 집중하여
자유시간을 목표를 이루는 일에 사용합니다.
사실상 하루의 3분의 2를
일하는 데 쓰지요.

앤드류 카네기는 엄격한 계획을 세워 시간과 돈의 사용을 관리했다.

카네기의 시대에서 지금에 이르는 동안 사회적·경제적 환경은 변했지만, 성공에 관한 원칙들은 바뀌지 않았다. 날품팔이에서 세계적인 거부가 된 그의 위대한 성공철학은 오늘날까지도 적용되고 있다.

시간을 제대로 활용하는 방법

힐　　성공하려면 시간을 계획적으로 사용하는 것이 중요하다고 말씀하셨습니다. 시간을 잘 활용하려면 어떻게 해야 하는지 그 방법을 알려주세요.

카네기　사업가로 성공하려면 먼저 사업 계획을 세워야 하는 것처럼, 성공한 삶을 살려면 인생의 계획을 세워야 합니다. 먼저 명확한 목표를 정한 다음, 그 목표를 달성하기 위해 시간을 활용해야 합니다.

힐　목표를 달성하기 위해 얼마만큼 시간을 투자해야 하나요?

카네기　하루 스물네 시간은 모든 사람에게 공평하게 주어져 있습니다. 부자라고 해서 더 많이 가질 수는 없지요.
자신에 대해 책임질 나이가 되면 시간을 잠자는 시간과 일하는 시간, 자유시간 이렇게 세 부분으로 나누어 쓰는 것이 보통입니다. 대개 잠을 자는 데 여덟 시간, 일하는 데 여덟 시간, 쉬는 데 여덟 시간을 사용한다고 볼 수 있습니다. 생계유지를 위해 하루 열 시간 일한다면 여섯 시간을 쉬고, 여덟 시간은 자게 되겠지요.

힐　그중에서 어떤 시간이 가장 중요하다고 보십니까?

카네기　자신이 무엇을 중요하게 여기는지에 달려 있습니다.
건강을 위해서는 하루에 여덟 시간 정도 자야 합니다. 중산층으로서 생활 수준을 유지하려면 하루 여덟 시간에서 열 시간가량 일해야 하고요. 그러면 자유시간이 여섯 시간에서 여덟 시간가량 남지요.

저는 성공에 관한 한 자유시간이 가장 중요하다고 생각합니다. 그 시간을 활용해 새로운 것을 배우거나 아이디어를 기획할 수 있기 때문입니다.

<u>힐</u>   아무런 목표 없이 즐거움만을 추구하며 자유시간을 보내는 것은 어떻습니까?

<u>카네기</u>   그런 식으로 시간을 사용하는 사람은 우연한 행운을 만나지 않고서는 성공할 수 없습니다. 건강을 유지하려면 적당한 수면이 필요하므로 그 시간을 자기계발이나 경제활동에 쓸 수 없습니다. 일하는 시간에는 신경을 집중하여 맡은 업무를 완수하느라 다른 일을 생각할 틈이 없습니다.

자유시간은 말 그대로 하고 싶은 일을 할 수 있는 시간입니다. 그래서 일명 '기회의 시간'으로 부르기도 하지요. 이 시간을 이용해 미래를 준비할 수 있습니다. 성공한 사람들은 일할 때처럼 온 마음을 집중하여 자유시간을 목표를 이루는 일에 사용합니다. 사실상 하루의 3분의 2를 일하는 데 쓰지요.

힐   건강을 유지하려면 휴식이 필요하지 않을까요?

카네기   그렇지 않습니다. 건강을 유지하려면 먼저 신체적·정신적 습관의 변화가 필요합니다. 성공하는 사람들은 노동시간과 자유시간을 유연하게 조절함으로써 기분 전환하는 법을 알고 있습니다.

힐   어떤 방식으로 조절하는 건가요? 업무에 도움이 될만한 사람과 만나거나 하는 방식으로 일과 관련해서 자유시간을 보낸다는 말인가요? 당장은 직접적인 효과를 보지 못한다고 하더라도 말이지요.

카네기   바로 그것입니다. 하지만 대다수의 사람은 자유시간을 그렇게 보내지 않습니다. 재밌거리를 찾아 시간을 보내거나 음주, 도박처럼 나쁜 습관에 빠진 사람들과 어울리기 일쑤지요. 다른 사람들이 기회의 시간을 만드는 동안 그들은 불행한 시간을 보내는 겁니다. 불성실한 습관 탓에 수면시간이 줄고, 일의 효율은 떨어지며, 건강도 나빠지게 되지요.

힐   무슨 말씀인지 이해는 갑니다만, 균형 잡힌 삶을 살려면 놀 때도 있어야 하지 않을까요? 공부만 하고 놀지 않으면 바보가 된다는 옛말도 있지 않습니까?

카네기　 맞는 말이기는 하지만, 오해가 많은 것도 사실입니다. 저를 비롯해 성공한 사람들은 목표를 정하여 성취해 나가는 것보다 더 재미있는 일은 없다고 말합니다. 한마디로 일을 놀이로 여기는 거죠. 성공한 사람이라면 이 말에 공감할 겁니다. 열정을 가지고 일에 빠져 있으면, 그 일이 즐거운 오락으로 느껴집니다. 열정에는 그런 힘이 있습니다.

자유시간을 '기회의 시간'으로 만들어라

힐　 하지만 좋아하지 않는 일을 생계유지를 위해 해야 한다면 어떤 동기를 가져야 할까요?

카네기　 그 질문을 예상했습니다. 자유시간을 최대한 이용한다는 관점에서 이 문제에 접근하겠습니다.
생계를 유지하기 위한 일을 항상 열정적으로 하기는 어렵겠지요. 그런 경우 자신이 좋아하는 일을 하며 보내는 시간에 희망을 둡니다. 나쁜 습관을 지닌 사람들과 어울려 무위도식하며 시간을 보내면, 평생 원치 않는 일을 하며 살아갈 겁니다.

저도 젊은 시절에는 억지로 일해야 하는 상황이 싫었습니다. 열심히 일해도 최저 수준의 생활을 벗어날 수 없었지요. 그래서 저는 자유시간을 미래를 위해 투자했습니다. 독서를 하고 학교에 다녔으며 제게 도움이 될 만한 친구들과 교제를 시작했습니다. 훗날 철강산업을 시작하고 자본이 필요할 때, 제게 도움을 준 사람들은 자유시간 때 만난 친구들이었습니다. 그래서 저는 자유시간을 '기회의 시간'이라고 부르지요.

하지만 엄밀한 의미에서 자유시간은 없습니다. 잠자는 데 필요한 시간을 제외한 모든 시간이 유익한 활동에 쓰이기 때문이지요.

저는 제게 도움이 되지 않는 사람들을 만나는 일에 시간을 낭비하지 않습니다. 하지만 저의 이익과 다른 사람들을 돕는 일이라면 아낌없이 시간을 투자했습니다.

힐　자신에게 도움이 될 만한 사람만 선택하여 교제한다는 건 너무 이기적인 행동이 아닌가요?

카네기　그럴지도 모르지만 성공하기 위해서는 꼭 그래야 합니다. 자신이 받은 만큼 남에게 다시 베푼다면 그러한 습관이 이기적이라고는 생각하지 않습니다.

저는 제게 도움을 준 사람들에게 받은 것 이상으로 보상해 주었고, 다른 사람이 돈을 벌 수 있도록 제가 모은 돈으로 도움을 주었습니다. 그리고 죽기 전에 많은 사람에게 도움이 될 수 있도록 전 재산을 사회에 환원할 생각입니다.

힐   시간을 사용하는 문제의 관건은 자유시간을 어떻게 보내는지가 되겠군요. 수면시간이나 노동시간은 일상적으로 되풀이되는 일이니까요.

카네기   자유시간은 말 그대로 몸과 마음이 자유로워지는 출발점입니다. 자유시간을 지배하는 것은 사고에 달려 있습니다. 자유시간에는 생각을 정리하고 다스리는 것이 가장 좋더군요. 삶을 짓누르는 스트레스에서 해방되어, 해결해야 할 난제들을 풀어낼 해법을 찾아내는 시간이기도 합니다. 그러므로 불필요한 일로 사람들과 어울리며 시간을 허비하기보다는, 신중하고 건설적인 방향으로 활용하는 지혜가 필요합니다.

함께 자유시간을 보낼 사람을 신중하게 선택하는 것은 이기적인 행동이 아니라, 오히려 이타적인 행동입니다. 그것은 결국 자신과 상대방 모두에게 이로우니까요.

정말 이기적인 사람은 게으른 사람들과 쓸데없는 시간을 보내고서 유익한 시간을 보냈다고 착각하는 사람입니다. 술집이나 도박장에서 흔히 볼 수 있는 사람들이지요.

이타적인 사람은 시간을 건설적인 방향으로 사용합니다. 하지만 이기적인 사람은 자신뿐 아니라 다른 사람의 시간까지도 무의미하게 써버립니다.

인간은 혼자서는 살아갈 수 없는 존재입니다. 서로 지켜야 할 도리를 하며 이타적인 삶을 살아야 합니다.

저축은 자제력의 또 다른 표현

카네기　경제적으로 성공한 사람은 시간을 계획적으로 활용하는 것처럼 돈 역시 예산을 세워 사용합니다. 전체 수입에서 생활비, 보험료, 저축, 기부금 등 지출할 항목의 비율을 정하고, 특별한 일이 없으면 변경하지 않습니다. 처음부터 저축의 양을 정해 놓기 때문에 경제적인 안정을 빨리 찾게 되지요. 버는 대로 다 써버린다면 한 달 수입이 100달러이든 1,000달러이든 달라질 게 없습니다.

그런데 많은 사람이 그 부분에서 실수를 저지릅니다. 버는 만큼 쓴다면 아무리 많이 벌어도 늘 제자리겠지요. 저축에 대한 개념이 없기 때문입니다. 월급이 오르면 오른 만큼 생활비를 늘리는 사람들이 있습니다. 한 달에 100달러를 벌던 사람의 월급이 25달러 인상됐다면, 그 25달러는 저축할 수 있습니다. 월급이 오르기 전까지 100달러로 생활을 꾸렸으니까요. 경제적 안정은 수입의 꼼꼼한 관리와 계획성 있는 소비를 통해 이뤄집니다.

부모의 소비 행태가 자녀들에게 그대로 전달된다는 사실은 매우 중요합니다. 자제력을 습관화하면 저축도 소비만큼 즐거운 일이라는 걸 알게 됩니다.

여기서 말하는 저축은 단지 은행이나 금고에 돈이 들어 있는 경우만을 뜻하는 건 아닙니다. 지혜롭게 저축하려면 먼저 지혜롭게 쓸 줄도 알아야 합니다. 그래서 흔히 버는 것보다 잘 쓰는 것이 중요하다고도 하지요. 쓰지 않고 모으기만 하는 사람도 있는데, 쓸 줄 모른다면 필요한 만큼만 버는 편이 차라리 낫습니다.

힐 소득의 몇 퍼센트를 저축하는 것이 좋을까요?

카네기 결혼 여부, 부양가족, 자녀의 수와 나이에 따라 달라져야 합니다. 부양가족이 없는 미혼이라면 기혼자보다 더 많은 액수를 저축해야겠지요. 가족이 생길 것에 대비해 미리 경제적 안정을 확보해 두면 좋습니다.

우선 전체 수입의 5% 미만이라도 규칙적으로 저축하는 습관을 들여야 합니다. 얼마 되지 않는 금액이더라도 그만큼 소비를 절제한다는 중요한 의미가 있습니다.

능력이 뛰어나 승진할 기회가 자주 찾아오더라도 자제력이 없으면 경제적 안정과 목표도 성취할 수 없습니다. 저축하는 습관은 자제력의 또 다른 표현이라는 것을 꼭 기억하세요.

성공한 삶을 살려면
인생의 계획을 세워야 한다.
명확한 목표를 정한 다음,
시간을 활용해야 한다.

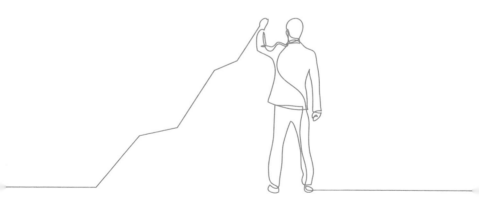

Think
And
Grow
Rich

STEP
16

건강을 지키는

습관을 길러라

"

긍정적으로 사고하는지,
음식을 절제하고 있는지,
습관이 잘 통제되고 있는지
끊임없이 스스로 질문하라.
건강을 유지하는 비결을 아는 사람은
자신의 신체를 다스릴 수 있다.

"

—————— 뇌는 신경계의 핵심으로 행동을 조정하고 감각을 인지하는 중추적인 역할을 한다. 아직 과학적으로 완전히 밝혀지지 않았지만, 뇌는 지각과 지식, 기억력 등을 사고라는 새로운 방식으로 조정하는 기관이다. 두뇌에서 신체의 모든 자발적 움직임에 대해 명령을 내리면 호흡, 심장박동, 소화, 혈액순환, 신경 에너지 등 기본적인 생명 활동이 유지된다.

두뇌는 지식의 보고이자 환경과 사고에 영향을 미치는 매개체다. 그리고 인체 중 가장 강력한 기관이며, 미개척 분야이기도 하다. 또한 의식과 잠재의식이 교차하는 곳으로, 우주에서 나온 무한한 지혜와 에너지의 수신기이자 송신기 역할을 한다.

이 모든 활동은 저절로 일어나지만, 건강한 신체를 유지하기 위한 구체적인 지침이 있다.

.

마음가짐

먼저 신체적으로 건강하기 위해서는 긍정적 마음가짐이 필요하다는 사실을 인식해야 한다. 경제적으로 풍족하면 성공했다고 느끼는 것처럼, 건강하다고 느끼면 육체적으로도 건강해진다. 건강을 유지하려면 항상 건강하다고 생각해야 한다.

프랑스의 심리학자 에밀 쿠에는 건강한 삶을 위해서 "나는 하루하루 나아지고 있다."라는 자기암시를 매일 실천할 것을 권한다. 잠재의식에 깊이 새겨지도록 이 말을 하루에도 수없이 반복하면, 내일은 오늘보다 더 건강해지라는 자기암시가 몸을 회복시킨다고 한다. 수많은 사람들이 그의 주장을 비웃고 외면했지만, 지혜로운 소수의 사람들은 쿠에 요법으로 불리는 자기암시를 삶에서 실천했다. 그리고 그들은 몸에 작용하는 정신의 놀라운 힘을 경험할 수 있었다.

긍정적 마음가짐이 육체의 건강에 필요한 이유는 다음과 같다.

- 긍정적이든 부정적이든 모든 생각은 신체의 각 세포로 옮겨져 그곳에 필요한 에너지원으로 저장된다.
- 우리의 모든 생각은 신경과 혈관을 통해 세포 구석구석까지 전달된다.

식사할 때 불안과 근심, 분노, 긴장과 같은 부정적 감정을 표출하면 자율신경계가 자극되어 위장 운동을 방해하고 소화 불량을 일으킨다. 긍정적인 마음가짐은 건강한 몸을 계속 건강하게 유지하고 아픈 몸을 회복하는 힘을 가지므로, 부정적인 생각이나 영향에서 벗어나야 한다.

식습관

과식하지 마라

과식은 간과 심장, 신장에 무리를 주어 질환을 일으키므로, 포만감을 느끼기 전에 식사를 멈추어야 한다. 이것을 습관화하면 건강을 유지하는 데 도움이 된다.

과식은 무절제의 표현으로서 잦은 과식은 폭음과 마약처럼 몸에 해롭다.

균형 잡힌 영양소를 섭취하라

건강 유지를 위해 열여섯 가지 미네랄 등 필요한 영양소를 골고루 섭취하려면 과일과 채소 등 다양한 재료로 균형 잡힌 식사를 해야 한다. 모든 영양소가 고루 들어 있는 채소는 없으므로 다양한 채소를 활용해야 한다. 음식물을 통해 충분한 에너지를 공급받지 못하면 의식이 제 기능을 할 수 없다.

토양 생태학의 권위자인 플로리다 탬파대학교의 찰스 노던 박사는 더 신선한 과일과 채소를 생산하기 위해, 비옥한 지역의 토질을 분석하여 여러 가지 미네랄을 첨가한 비료를 만들었다.

그런 다음 두 줄로 콩을 심어 한 줄에는 미네랄을 첨가한 비료를 주고 다른 쪽에는 주지 않았다. 그러자 비료를 주지 않은 쪽의 콩에는 벌레가 많이 먹었지만, 비료를 준 콩은 벌레가 먹지 않은 것을 확인할 수 있었다.

찰스 노던 박사는 그 실험을 통해 여러 가지 미네랄이 들어 있는 채소와 과일은 해충의 공격을 막는 면역 항체가 있다는 사실을 발견했다. 미네랄을 비롯한 다양한 영양소를 골고루 섭취하는 것은, 식물과 마찬가지로 우리 몸에도 면역기능을 강화해 병원균과 각종 질병을 막아준다고 설명했다.

음식물을 대충 삼키거나 빨리 먹지 마라

음식물을 충분히 씹지 않으면 소화기관에 부담을 줄 뿐만 아니라 신경과민으로 혈관에도 영향을 미친다.

사탕이나 캐러멜 같은 단것을 멀리하라

간식으로는 사탕과 캐러멜 대신 신선한 과일과 채소를 먹어라. 더 좋은 것은 아무것도 먹지 않는 것이다.

신선한 채소를 먹을 수 없다면 비타민을 복용하라

비타민에는 건강에 필요한 각종 요소가 골고루 들어 있어서 삶에 활기를 불어넣어 준다. 음식물 섭취를 통해 충분히 얻지 못한다면 비타민을 복용하라.

편안한 마음으로 식사하라

부정적인 감정이 마음에 가득 차 있을 때는 식사를 거르는 편이 낫다. 식사 중의 대화는 유쾌해야 하며 서로 긴장을 주어서는 안 된다. 식사 도중에 자녀를 훈육하거나 논쟁을 하는 일은 피해야 한다. 음식을 먹을 수 있는 것에 감사하며 항상 즐겁게 식사해야 한다.

휴식

여기서 휴식은 심신의 이완, 특히 걱정과 근심, 두려움을 없애는 것을 말한다. 적어도 하루에 한 시간 이상 자신만의 휴식시간을 가져야 한다.

건강을 유지하기 위해서는 하루 여덟 시간 정도의 수면시간을 가져야 한다. 잠을 자는 동안 우리 몸은 뇌의 작용을 통해 노화된 세포의 재생이 활발하게 이루어지고, 병원균에 맞서 싸우며, 10억 개에 달하는 세포가 원활히 움직이도록 회복하는 활동을 한다.

하루에 한 시간 정도는 취미생활을 하거나 야외 활동을 해 일상의 리듬을 깨고 기분을 전환하는 것도 좋다. 식사는 항상 즐겁고 긍정적으로 하며, 휴식시간에는 골프나 테니스, 배구 등 운동을 통해 일상의 긴장을 해소하는 것이 좋다.

배설

인체는 입에서 항문으로 이어지는 소화·배설기관과 폐, 신장, 피부를 통해 몸 안의 노폐물을 밖으로 배출한다. 따라서 석 달에 한 번씩 이들 기관이 제 기능을 하는지 건강진단을 받는 것이 좋다. 배설기관은 이 중에서도 질환 발생 빈도가 높다.

배설기관은 한 달에 한 번은 완전히 독성을 제거해야 한다. 많은 의사가 정제수로 전체 소화관을 세척해서 독성을 제거하는데, 이는 관장이나 결장 세척과는 다르므로 혼동해서는 안 된다.

많은 현대인이 중독에 빠져 있다. 도시에 거주하고 주로 앉아서 일하는 직업이 많아 운동량은 줄어들고 섭취하는 음식물은 가공식품이 많아졌기 때문이다.

중독은 긍정적 마음가짐과 공존할 수 없다. 또한, 매력적인 성품과도 함께할 수 없다.

중독은 열정을 잠식한다.

중독은 상상력을 죽이고 자포자기와 절망의 길로 유도한다.

중독은 성공에 필수적인 야망과 창의력을 파괴한다.

중독은 만성적 불쾌감과 두통의 원인이 된다.

머리가 아프거나 식욕이 없는 것은 중독의 위험신호다. 머리가 아플 때마다 약을 먹으면 진짜 해결책이 무엇인지 알지 못한 채 넘어가게 된다. 진짜 해결책은 배설기관을 세척함으로써 몸 안의 독성을 제거하는 일이다. 실제로 배설기관 세척을 받고 30분 정도 지나 두통이 깨끗하게 사라지는 것을 보면 확실히 그렇다는 것을 알 수 있다.

희망

희망이 없는 사람은 길을 잃은 사람과 같다. 희망은 건강을, 건강은 희망을 불러일으킨다.

희망은 명확한 목표에서 시작된다. 자신이 어느 곳을 향해 나아가고 있는지, 또한 그것을 위해 무엇을 어떻게 할 것인지 알고 있는 사람은 희망으로부터 힘을 얻어 그 과정을 완수할 수 있다. 목표를 이루고자 하는 희망으로 가득 찬 사람은 늘 행복하며, 그 마음에는 걱정이나 근심, 의심이 깃들 수 없다.

희망과 중독은 서로 상극이다. 따라서 희망이 있는 곳에는 중독이 발을 들이지 못한다.

약물을 멀리하라

건강을 추구하는 습관을 갖기 위해 가장 먼저 할 일은 지금 바로 약상자를 비우는 일이다. 건강은 결코 약을 통해 얻어지지 않는다.

자연은 약이 발명되기 훨씬 전에 이미 건강을 유지하는 최고의 시스템을 인간에게 주었다. 인간에게 필요한 모든 영양제, 즉 40가지 이상의 미네랄, 그중에서도 칼슘, 철분, 인을 자연 그대로의 채소와 과일 속에 담아 놓았다. 이런 영양소들은 알약이나 물약의 형태로 섭취할 수도 있지만, 땅에서 자란 자연 그대로의 식품을 통해 섭취하는 것이 더 좋다.

의사는 인간의 병을 치료하고, 건강을 유지할 수 있도록 많은 도움을 준다. 하지만 의사 역시 인간에 불과하므로 자연이 갖는 치유력과 같은 근원적인 치료를 하는 것은 아니다. 의사는 약품과 의술을 통해 인간이 병을 회복할 수 있도록 도와준다.

육체적인 고통은 우리가 살아 있는 생명체라는 사실을 효과적으로 말해 주는 일종의 언어다. 그러므로 우리 몸 어딘가에 고통이 느껴지면 주의 깊게 살펴야 한다. 고통의 원인이 무엇인지 알아보지도 고치려 하지도 않은 채 고통을 없애버리는 것은 인간을 창조한 신을 모독하는 행위다.

의사의 상담과 치료가 필요할 때가 있다. 하지만 병에 걸리지 않도록 건강을 유지하는 것이 더 중요하다. 치료보다 예방이 낫다는 말도 있지 않은가.

긍정적으로 사고하는지, 음식을 절제하고 있는지, 습관이 잘 통제되고 있는지 끊임없이 스스로 질문하라. 건강을 유지하는 비결을 아는 사람은 자신의 신체를 다스릴 수 있다.

Think
And
Grow
Rich

STEP
17

신비한 습관의 힘을

체험하라

> 신비한 습관의 힘에 따라
> 모든 자연법칙이 질서정연하게 작동하며,
> 우주의 모든 법칙이 통제된다.
> 인간의 모든 관계 역시
> 우주의 질서에 의해 통제되고,
> 성공하거나 때로는 실패한다.

신비한 습관의 힘
||||||||||||||||||||||||||||||

신비한 습관의 힘에 대해 논하기 전에 그러한 습관으로 생기는 이점에 대해 먼저 알아보자.

습관의 법칙은 성공철학의 핵심을 이루는 내용으로, 앞서 언급한 성공의 원칙들을 습득하는 데 꼭 필요하다. 유익한 습관은 걱정과 근심을 떨칠 수 있게 하고, 자기 생각을 완전히 다스릴 수 있게 해준다.

성공철학을 따르면 경제적 자유를 얻을 뿐 아니라, 타인과의 갈등을 줄이고 그들과 협력하는 일이 가능해진다. 유익한 습관이 몸에 배면 마음에 부정적인 생각은 사라지고 신념이 채워진다.

원자, 해와 별, 계절의 변화, 낮과 밤, 삶과 죽음 등 우리를 둘러싼 모든 관계는 우주의 변치 않는 힘에 의해 지속되고 있다. 해와 별의 움직임을 통해 시간과 공간이 존재하는 것처럼, 자연은 물질과 에너지의 완벽한 균형으로 이루어져 있다. 우리는 해와 별들이 충돌하지 않고 정확히 움직인다는 사실과 계절의 순환에 대해 잘 알고 있다.

또한 참나무는 도토리에서 자라고, 소나무는 소나무 씨앗에서 자란다는 것도 안다. 도토리에서 소나무가 나오거나, 소나무 씨앗에서 참나무가 나오는 실수는 일어나지 않는다. 세상에 생겨난 모든 것에는 원인이 있기에, 사람의 뜻과 목표도 언젠가는 열매를 맺게 되어 있다.

아이작 뉴턴은 떨어지는 사과를 보고 중력의 법칙이라는 신비한 우주의 습관을 발견했다. 그 신비한 습관의 힘은 지구가 다른 별들과 규칙적인 관계를 이루며 시공간 속에 놓인 채 돌아가고 있는 원리로 이어진다.

이러한 신비한 습관의 힘에 따라 모든 자연법칙이 질서정연하게 작동하며, 우주의 모든 법칙이 통제된다. 인간의 모든 관계 역시 우주의 질서에 의해 통제되고, 성공하거나 때로는 실패한다. 그리고 자연은 모든 생명체가 이러한 법칙대로 살아갈 수 있는 조건과 환경을 제공한다.

모든 것은 습관에 의해 움직이며 우리의 사고와 행동은 습관의 영향을 받는다. 그러므로 우리는 사고를 조절함으로써 우리의 삶을 스스로 조절할 수 있다. 자기 생각을 자신이 통제할 수 있다는 것은 매우 다행스러운 일이다.

오직 인간만이 자신의 습관을 선택할 특권을 부여받았으며, 이러한 생활 습관은 자신만이 완벽하게 통제할 수 있는 특권으로서 사고방식을 통해 정해진다.

열등감에 사로잡힌 사람은 자신이 불행하다는 생각에서 벗어날 수 없다. 반면 풍요로움과 관련해서 끊임없이 생각하면 습관의 힘을 통해 현실에서 풍요로움을 누리게 된다.

인간은 자신의 사고방식으로 이루어진 존재다. 따라서 자신의 운명을 통제할 수 있다. 스스로 사고방식을 형성하는 특권을 실행함으로써 말이다. 긍정적인 생각이 분명한 습관으로 굳어지면, 신비한 습관의 힘으로 그것은 다른 강력한 것이 대체하지 않는 한 영구적인 습관이 된다.

지금까지 가장 심오한 진리를 살펴보았다. 즉 위대한 성공을 이룬 사람들은 실패 상황에 부딪쳐도 마음속에 습관화된 강한 의지와 긍정적 태도로 그것을 이겨낸다는 것이다. 신비한 습관의 힘을 완전히 이해했다면, 실패를 가져오는 나쁜 습관을 버리고 새롭고 더 나은 습관을 형성하려고 노력해야 한다.

개인을 지배하는 정신은 사고 습관에 의해 결정된다. 또한 명확한 목표와도 관계가 깊다. 일단 명확한 목표가 서고, 습관을 통해 의식이 고정되면 우주적인 습관의 힘이 무슨 수단을 동원하든지 상관하지 않고 논리적인 귀결을 맺도록 유도한다.

명확한 목표는 반복해서 생각함으로써 습관으로 굳어진다. 타오르는 열망을 반복하여 상상하다 보면 열망을 성취하기 위한 구체적인 계획을 세우게 된다. 다시 말해 열망과 신념을 갖고 집중적으로 반복하여 생각함으로써 열망하는 대상을 성취하기 전에 이미 소유한 것처럼 생각하는 것이다.

긍정적인 습관을 자발적으로 형성하기 위해서는 자제력, 인내, 의지력, 신념이 꼭 필요하다. 이것은 앞에 나온 성공의 원칙들을 실천하는 자만이 가질 수 있는 능력이다. 자발적으로 이루어지는 습관은 자제력이 고도로 적용된 경우라고 할 수 있다. 또한, 자발적으로 긍정적인 습관을 만드는 태도는 명확한 목표를 달성하기 위해 불태우는 의지력의 결과물이다. 명확한 목표는 신비한 습관의 힘을 갖지 않은 사람에게는 결코 생기지 않는다.

명확한 목표는 생각과 행위를 반복하면서 마음속에 단단히 새겨진다. 그렇게 함으로써 명확한 목표는 신비한 습관의 힘에 인계되어 자동으로 작동한다.

그러나 신비한 습관의 힘이 사람들에게 무엇을 해야 할지 가르쳐주지는 않는다. 하지만 긍정적·부정적인 사고를 습관에 적용해 행동에 동기를 부여하면 현실적인 결과로 변화시킬 수 있다.

어떤 생각을 반복적으로 되풀이하다 보면 현실적인 결과

로 나타난다. 가난에 대한 두려움과 궁핍한 생각들 때문에 빈곤 의식이 생기면 그 결과 또다시 가난해지는 것이다.

부정적인 잠재력은 본질이 무엇이든 모든 부정적인 습관을 고정해 인생에서 실패할 확률을 높인다. 따라서 부자가 되기를 바란다면, 부유한 생각과 풍요로운 의식을 일깨워야 한다. 그러면 경제적인 상황이 빠르게 좋아질 것이다. 하지만 모든 일에는 간절히 바라는 마음이 먼저 생긴 다음에 현실적인 성과가 뒤따르게 마련이다. 어디까지나 자신의 책임이므로 스스로 생각해서 창조해야 한다. 그렇게만 되면 창조주 못지않은 위대한 힘을 지니게 된다.

우리는 수없이 많은 신념을 지키겠다고 말하지만, 실제로는 그렇게 하지 못하는 경우가 많다. 신념은 행동을 통해서만 명확해진다. 믿음으로는 불충분하며, 오직 명확한 행동과 실천만이 신념을 명확하게 할 수 있다.

앞서 설명한 열여섯 가지 원칙을 단순히 이해한 것만으로는 성공을 위한 개인적 능력이 생기지는 않는다. 이해가 아닌 습관으로 굳어져야 한다. 그래야만 신비한 습관의 힘이 작동할 수 있다.

습관은 대자연이 창조해낸 것이다. 이는 하늘에 떠 있는 거대한 별에서 눈에 보이지 않는 원자에 이르기까지 질서, 규칙, 조화 등 우주 전체를 움직이는 보편적 진리다. 따라서 습관의 위력은 강자와 약자, 부자와 가난한 자, 병자와 건강한 자 누구든 공평하게 사용할 수 있다.

성공의 열일곱 가지 원칙을 실천함으로써 신비한 습관의 힘을 받아들이고, 성공으로 가는 사고의 습관을 형성할 수 있기를 기원한다.

긍정적인 습관을 만드는 태도는
명확한 목표를 달성하기 위해 불태우는
의지력의 결과물이다.

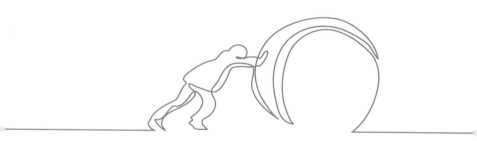

| 에필로그 |

성공에 대한 열망만큼
심오한 것은 없다

지금까지 경제적 성공의 길로 가는 방법에 대해 알아보았다.

이제 물질적인 풍요로움을 누리고 싶은 욕구가 생겼는가? 그렇다면 먼저 미국의 제도 중 하나인 자유기업제도를 이해할 필요가 있다. 자유기업제도는 경제적 부의 근간을 이루는 요소로써 위대한 성공을 이룬 리더들을 통해 발전해왔기 때문이다.

자유기업제도는 수십 년에 걸쳐 과학적 연구와 시행착오를 거쳐 유지되고 발전되어 온 결과물이다. 만약 이러한 시행착오가 없었다면 이 제도는 부자가 되려는 사람들의 탐욕과 욕심으로 인해 흔들리고 말았을 것이다. 완벽을 추구하는 사람들의 정직한 실수로 유용한 제도가 만들어질 수 있었으니 다행인 셈이다.

많은 시행착오를 거쳐 정립된 자유기업제도는 현대 산업 사회의 위대한 업적 중 하나라고 할 수 있다. 이것은 경제적 성공을 거두고자 하는 리더들과 노동자들이 합심하여 만들어낸 결과물이다.

기업가, 오너, 노동자 등 지위 고하를 막론한 모든 사람이 누구나 자신의 경제적 이익을 추구할 수 있다는 사실이 효과를 발휘한 것이다. 하지만 아무런 동기 없이 자발적으로 이루어지는 일은 세상에 없다.

우리는 이 책을 통해서 자발적으로 기꺼이 일할 명확한 동기가 있다면 자신의 능력을 최대한 발휘할 수 있다는 것을 배웠다. 우리 시대 위대한 기업가로 평가받는 앤드류 카네기는 이러한 경제적 동기를 이용해 사람들을 격려하는 일에 탁월한 능력을 발휘했다. 그들 중에는 카네기처럼 평범한 노동자에 불과했지만, 카네기와 일하면서 거부의 반열에 오른 사람들도 있다. 카네기의 독창성과 그들의 자발적 태도가 자유기업제도와 만나 장점으로 발휘된 것이다.

인간의 이윤 추구권과 창의성은 위대한 자산이며, 부자가 되려는 욕구는 인간의 다양한 욕구 중 가장 강렬하다. 앤드류 카네기 역시 사람들이 부의 축적에 과도하게 집착한다는 것을 인정했다. 그러나 그가 의미를 둔 것은 부를 많은 사람에게 이로운 방향으로 사용하는 것이었고, 그것은 자신의 성공 비결을 사람들과 공유한다는 독창적인 아이디어로 이어졌다. 성공철학의 완전한 적용으로 일구어낸 물질적인 부유함은 개인뿐 아니라 나라 전체까지 부유하게 만든다는 사실을 카네기 자신이 누구보다 잘 알고 있었다. 결국 그의 성공은 사회적 자유기업제도와 개인의 열일곱 가지 성공 원칙을 적절히 응용했기 때문에 가능했다.

놓치고 싶지 않은 나의 꿈 나의 인생 ③

초판   1쇄 발행 · 2005년 1월 3일
개정 8판 1쇄 인쇄 · 2024년 12월 13일
개정 8판 1쇄 발행 · 2025년 1월 2일

지은이 · 나폴레온 힐
옮긴이 · 이지현
펴낸이 · 이종문(李從聞)
펴낸곳 · 국일미디어

등 록 · 제406-2005-000025호
주 소 · 경기도 파주시 광인사길 121 파주출판문화정보산업단지(문발동)
사무소 · 서울시 중구 장충단로8가길 2(장충동 1가, 2층)

영업부 · Tel 02)2237-4523 | Fax 02)2237-4524
편집부 · Tel 02)2253-5291 | Fax 02)2253-5297
평생전화번호 · 0502-237-9101~3

홈페이지 · www.ekugil.com
블 로 그 · blog.naver.com/kugilmedia
페이스북 · www.facebook.com/kugilmedia
E - m a i l · kugil@ekugil.com

· 값은 표지 뒷면에 표기되어 있습니다.
· 잘못된 책은 구입하신 서점에서 바꿔드립니다.

ISBN 978-89-7425-936-5 (14320)
ISBN 978-89-7425-929-7 (세트)